이민경

불어 통번역을 전공했고 현재 문화인류학을
공부 중이다. 무엇이든 직접 해봐야 직성이
풀리고, 그것을 내가 오롯이 원했는지가 가장
중요하다. 원한 적 없는 삶을 살지 않으려다
보니 페미니스트가 되어버렸다.
여성혐오에 대응하는 일상회화 매뉴얼
『우리에겐 언어가 필요하다: 입이 트이는
페미니즘』에 이어, 우리 사회의 동시대
페미니스트를 위한 워크북『우리에게도 계보가
있다: 외롭지 않은 페미니즘』을 펴냈다.
좋아하는 말은 '삶은 무릇 축제여야 한다'.

KB065217

우리에게도
계보가 있다

외롭지 않은 페미니즘

김현미, 김명순,
찾을 수 없는 흔적을 남기고 간
모든 이에게 바친다.

봄알람
baume à l'âme

우리에게도
계보가 있다

외롭지 않은 페미니즘

이민경 지음

차례

들어가며

커튼에 난 구멍으로 빛이 든다. 이 정도면 사는 데 지장 없다. 그런데도 득달같이 달려들어 커튼을 더 찢으려 드는 이들이 있다. 이해할 수 없다. 부산스럽고 소란하게 굴기에 눈살을 찌푸렸다. 그리고 비난했다. 이제 그만 좀 하라고 소리를 높였다. 빛이 든 이후에 살기가 좋아진 거라는 말을 주워들었지만 무슨 소리인지 실감이 되진 않았다. 결국 요란하게 굴던 이들은 구멍을 조금 키우는 데 성공했다. 빛이 조금 더 든다. 조금 더 살 만하다. 그런데 그들은 멈추지를 않고 계속 야단이다.

갑자기, 의심이 생겼다. 내가 알던 구멍은 처음부터 그만한 크기였을까? 원래 벽인 줄 알았던 검은 커튼에 누군가 구멍을 낸 것이라 했다. 지금보다 빛이 덜 드는 때를 상상한다. 빛이 한 줄기도 들지 않는 밀실도 상상한다. 숨이 막힌다. 이제 함께 절박해진 나는 누군가 내놓은 구멍을 이어받아 넓히려 한다. 부산스럽다고 욕을 먹는다. 하지만 그게 문제가 아니다. 이 커튼은 무엇인지, 처음부터 있었던 건지, 어째서 끝내 커튼으로 빛을 가리려 하는지, 어둠 속에서 처음 빛이 들게 만든 이는 누구인지, 빛이 더 많이 들면 어떤 기분일지. 의문이 꼬리에 꼬리를 문다.

들어가기 전에

2016년 5월 17일, 강남역 살인 사건이 일어났다. 사건 직후 속절없이 상처 입는 이들을 위해 『우리에겐 언어가 필요하다: 입이 트이는 페미니즘』을 급히 써 내려갔다. 지금의 당신뿐 아니라 과거의 내게 바치는 위로이기도 했다. 당장 눈앞에서 상처 입는 이들을 보니 속수무책으로 당하던 지난날이 쉴 새 없이 떠올랐기 때문이었다. 이번엔 지금의 나를 위해 쓴다.

2016년 7월 9일. 나의 첫 번째 책이 사람들 손에 들어간 날이다. 반응이 인터넷에 속속 올라왔다. 누군가에게 반드시 필요하리라는 확신으로 시작하기는 했으나 이렇게까지 큰 호응을 얻을 줄은 몰랐다. 생각보다 더 많은 이의 불필요한 고통이 일시적으로나마 멎었다. 신기하게도 내 머릿속에 꼬리를 물던 잔상도 원고를 마친 직후 사라졌다.

급한 불은 껐다. '내 생각이 틀리지 않았구나.' 벅찬 마음으로 잠을 청하다 문득 이 마음이 이대로 사라져서는 안 된다는 생각이 들었다. 지금과 같은 작은 승리를 계속해서 경험해야 하고, 그 기억을 공유해야 하고, 후대의 여성이 찾을 수 있도록 그 자취를 남겨야 한다. 그러나 우리의 작은 승리는 모래밭에 남는 발자국처럼, 분명히 존재했으나 금세 지워진다. 이번에도 쉽게 지워질 테니, 일부러라도 한 번 더 기록하고 함께 기억하고 싶었다. 내게 한 번의 기회쯤은 더 있지 않을까. 얼마 전 들은 계보학 이야기가 떠올랐고, 막연한 희망이 생겼다.

그러고 보면 나는 늘 막연했다. 2016년 4월 28일, 민우회가 주최한 김현미 선생님의 강의 〈시간을 달려서: 한국의 페미니즘과 세대〉에서 선생님의 말을 받아 적던 중이었다. "우리 여성들에게는 계보가", 뒤에 이어질 말은 당연히 '없으니까'여야

들어가며

했다. 나는 스스로를 언제나 계보 없는 존재로 여겼다. 그래서 루이제 린저의 『생의 한가운데』에 나오는 "고향이 없는 사람의 방랑"이라는 구절을 정확히 알아볼 수 있었다. 언제나 나는 고향 없는 타향인, 조국 없는 외국인이었다. 이방인이었다. 페미니스트는 언제나 달갑지 않은 존재로 여겨지면서 한사코 자생한다. 계보에 오르지 못하는 존재이므로 반쯤은 외로웠고 반쯤은 자유로웠다. 소속을 가리지 않고 감정을 이입할 수 있었으나 나의 자리는 쉽게 지워졌다.

그러나 선생님 입에서 나온 말은 '존재한다'였다. 여성에게도 계보가 존재한다고! 이 책은 이어진 말이 예상을 빗나간 순간의 당혹감으로부터 출발한다. 계보에 오를 수 없는 이들이 모여 만들어낸 계보가 있다면 찾고 싶었다.

그런데 문제가 있었다. 나는 알지 못한다. 예를 들어, 2015년과 2016년은 어느 때보다 페미니즘 논의가 활발했다고 썼다가는 지웠다. 1990년대에 한창 페미니즘이 흥했다는 이야기를 들은 것도 같으니, 그저 언제나 지금이 전성기처럼 보이는 착시 탓은 아닌가 생각한 때문이다. 그러니 자료를 잔뜩 찾아 읽어봐야겠다고 생각하다 말고, 또 한 번 의문이 들었다.

나는 왜 알지 못하는가? 청산리 대첩, 갑신정변, 살수대첩, 차티스트운동, 증기기관의 발명, 사라예보 사건, 2월 혁명⋯⋯. 정규교육을 받았으니 싫든 좋든 꾸역꾸역 밑줄을 치고 머릿속에 집어넣었기에 파편으로나마 역사 지식이 존재하는데, 왜

모르는가? 모든 것을 파악한 뒤 입을 뗄 수는 없었다. 그러자면
어디부터 손을 대야 할지 모를 정도로 아무것도 몰랐기 때문이다.
무엇을 모르는지를 정확히 안다면, 모르는 데에서 출발해야
한다. 이전에는 우리가 이미 함께 알고 있는 것에 대해 말했다면,
이번에는 우리 모두에게 무엇이 부재하는지 알아보려 한다.

쓰임새는?

역시 이론서가 아니다. 주입식 교육을 십여 년 받으며,
문제집을 참 많이도 풀었다. 문제집을 풀면 무엇을 알고 모르는지
파악할 수 있었다. 이 책은 지금의 나에게 무엇이 비어 있는지,
그렇다면 무엇을 채워야 할지를 알아보기 위해 마련한 페미니즘
문제집이다. 나 역시 당신과 꽤 비슷한 부분이 비어 있을
것이므로 내가 쓰기 위해 만든다면 당신에게도 유용할 것이다.
때문에 이 책은 우리가 함께 풀어나가는 방식으로 구성되었다. 한
권을 다 풀고 고개를 들면 한결 나아지지 않을까, 막연한 기대로
당신의 자리를 비워두었다. 그러니 펜을 들고 풀면 된다.

대상은 부당함에 목소리를 내고 앞으로 나아가고 싶은데
여러모로 곤란함을 느끼는 페미니스트로 한정한다. 이미 단단히
방향을 잡고 있는 이에게는 너무 쉬울 것이고, 나아갈 필요성을
느끼지 못하는 이에게는 불필요할 것이다.

나 역시 뒤늦게 깨달았으나 페미니스트에게 역사 감각은
아주 중요하다. 앞으로의 삶을 어떻게 바꾸어나갈지 계획하려면

지금 내가 어디에 있는지 정확히 파악해야 하며, 여기에 있게 되기까지 무슨 일이 있었는가를 알아야 한다. 나는 줄곧 언어를 공부했지만 학부에서는 사회학도 전공했는데, 그때 배워서 지금까지 가장 유용하게 쓰는 개념이 바로 역사적 상상력이다. 지금 놓인 상황의 전경과 배경을 갈아 끼우는 것만으로도, '사회는 흐른다'는 한마디만 품고 있어도 희망을 가지기 쉬웠다. 맥이 풀리려 할 때도 다시금 낙관할 수 있었다. 말하자면 이것이 숨 쉴 구멍이었던 셈이다.

　　당신과 내게 비어 있을 뿐 지식은 지천에 널려 있다. 책을 쓰는 지금의 내게도 아직 구체적인 지식은 없다. 그러니 지식을 그러모아 내놓는 대신에, 앞으로 우리가 얻게 될 지식이 일관된 맥락 위에 얹힐 수 있도록 통로를 만들어 가보기로 했다. 지식이 부재한다는 깨달음에서 출발하는 이 책이 완성된 역사서일 리 없으며 그것은 애초에 목표한 바가 아니다. 나는 내가 할 수 있는 일을 할 따름이다. 『우리에게도 계보가 있다: 외롭지 않은 페미니즘』은 잠들어 있던 당신의 감각을 깨워 더 나은 시작을 할 수 있도록 돕는 워크북이다. 읽으면서 스스로 답을 찾아야 하는 질문이 대부분이고, 답이 있는 문제는 본문에 답을 넣어두거나 별도로 실었다.

　　이제, 막연함을 걷어내고 앞으로 가려 한다. 우선 나를 근근이 버텨오게 해준 '숨 쉴 구멍'을 소개한다.

1
사회는
흐른다

언젠가부터 한국사회를 견디기가 힘들었다. 정면으로
바라볼 때마다 숨이 막혔던 까닭이다. 그러다 '현대 사회와
사회학'이라는 교양수업에서 '사회학적 상상력'이라 불리는
곁눈질을 배웠다. 그제야 숨통이 트였다. 이것 하나만 보고
사회학을 전공했지만 막상 전공 수업에서는 두 번 다시 나오지
않았다. 어쩐지 속은 기분이었지만 어쨌든 이 곁눈질이 대학에서
건진 몇 가지 소득 중 하나라는 사실에는 변함이 없다. 곁눈으로
보기란 정면으로만 바라보던 사회를 비스듬히 본다는 말인데,
예를 들어보자면 다음과 같은 것이다.

[01-05] 빈 칸에 들어갈 말을 자유롭게, 자세하게 채워보자.

01 더 전에 태어났다면 나는 ☐☐☐였겠지.
그나마 지금 태어나길 다행이다.

02 ☐☐☐라고? 요즘 어디서 그런 말하면 큰일 나.

03 ☐는 대체 언제 없어질까.

지금은 이래도 차차 나아지겠지.

04 ☐는 시간이 지나면 제대로 된 평가를 받겠지?

1 사회는 흐른다

05 다른 나라에서 태어났다면 나는 지금 [   ]였겠지?

예시 답안 19P

방금 빈 칸을 채울 때 당신이 발휘한 것이 바로 사회학적 상상력, 그중에서도 역사적 상상력과 인류학적 상상력이다. 나는 변화의 가능성을 절실하게 보고 싶거나 지금 어디쯤 와 있는지 가늠하고 싶을 때마다 배경과 전경을 갈아 끼우곤 했다. 간단히 말하면 '지금, 여기'를 '지금이 아닌 언젠가, 여기가 아닌 어딘가'라고 가정해보았다는 말이다. 거꾸로 다른 때, 다른 곳의 이야기를 지금으로 불러와보기도 했다. 한 장의 그림으로 표현해볼 수도 있다.

06 과거의 여성, 현재 다른 나라의 여성과 우리 사회의 여성이
여성이라서 겪는 일들 그리고 다음 세대 여성이 겪을 일을
상상해 각 칸 안에 채워보자.

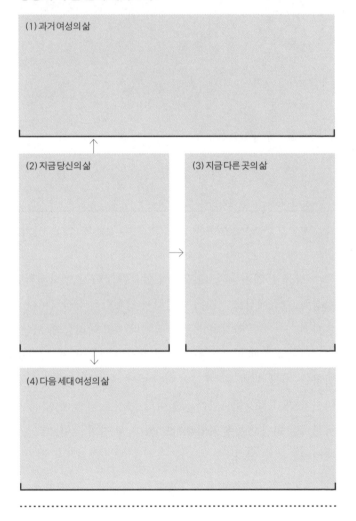

(1) 과거 여성의 삶

(2) 지금 당신의 삶

(3) 지금 다른 곳의 삶

(4) 다음 세대 여성의 삶

1　사회는 흐른다

나를 내리누르던 지금이 이제는 네 개 중 하나의 선택지밖에 되지 않는다. 그리고 여태껏 그래왔듯이 곧 교체된다. 종횡으로 길을 내면 붙박인 줄 알았던 사회가 흐른다. 더 자유롭고 덜 막막해졌다. 사회는 여태 흘러왔으며, 앞으로도 흐르리라. 이 하나를 위안 삼아 실망스러운 순간들을 어영부영 넘겨온 것이다.

그런데 문제가 있다. 나는 아무것도 모른다.

예시 답안

01   이호: 더 전에 태어났다면 나는 **여자라 족보에 이름 한 자 올릴 수 없**었겠지… 그나마 지금 태어나길 망정이다.

02   이마루: **노처녀 히스테리/예민한 걸 보니 그날이**라고? 요즘 어디서 그런 말 하면 큰일 나.

03   박은별: **출산 후 경력단절 문제**는 대체 언제 없어지나. 지금은 이래도 시간이 지나면 나아지겠지.

04   정유연: **강남역에 붙이고 온 내 포스트잇**은 시간이 지나면 제대로 된 평가를 받겠지?

05   정혜윤: 다른 나라에 태어났다면 나는 지금 **10대 시절에 남학생들과 똑같이 운동을 통해 몸을 건강하게 하는 방법을 배웠겠지/취직은커녕 자식 여섯 명을 줄줄이 낳은 다음에 또 임신한 채로 집안일을 하고 있었겠지?**

2
우리는 모두
모른다

07 다음은 각각 페미니스트와 성차별주의자의 가상의 주장이다. 제도나 통념에 구애받지 말고, 공통으로 들어갈 수 있는 말을 구체적으로 써보자.

(1) 여전히 성차별이 심각하지만 [____]는 사라진/생긴 세상이라 그나마 다행이다.

(2) 성차별은 무슨, 이제 [____]도 없는데/있는데, 이 정도면 살기 좋은 세상이지.

08 당신이 알고 있는 긍정적 변화의 사례를 들어 다음의 말에
반박해보자.

"네가 그런다고 뭐가 바뀔 것 같아?"

09 방금 당신이 적은 답을 다시 보자. 당신이 제시한 변화는
언제, 어떻게 일어났는가? 시기와 과정을 아는 대로
서술해보자.

솔직하게 말하건대, 나는 역사에 무감했다. 학창 시절 국사는 외울 것도 많고 재미도 없었다. 연도와 이름이 너무 많았고 비슷한 전투가 너무 잦았다. 그런데 모순되게도, 페미니스트가 되고서 나는 역사적 상상력 하나로 버텼다. 지금이 점이 아니라 앞과 뒤로 이어져 선으로서 존재한다는 것을 배우고는 그 느낌에 의지해 절망을 넘겼다. 과거에 태어났다고 가정할 때 느껴지는 공포, 제법 나아졌다는 안도, 그리고 미래에는 더 나아질 거라는 막연한 낙관. 나는 "페미니즘이 변화를 가장 빠르게 이루어낸 운동이기에 낙관한다"고 말하곤 했고 실제로 그렇게 믿었다.

그러나 이 믿음의 근거는 막연하기 그지없고, 터무니없이 빈약하다. 머릿속에서 통로를 만들어내고 나아갈 길을 언제나 떠올렸지만 막상 눈앞은 깜깜했다. 귀동냥으로, 어림짐작으로, 막연한 느낌으로만 파악했다. '이 정도면 살 만한데?'라며 나를 유난스럽다는 듯 보는 친구나 나나, 막상 언제 태어났든 사실 그럭저럭 살았겠지. 그는 지금과 비슷하게 살 만해졌다 느끼고, 나는 지금과 비슷한 정도로 유난스럽게. 그렇지만 그나 나나 조금이라도 예전으로 돌아가보는 상상에 못 견디기는 마찬가지일 거야. 다음 세대 여성들은 지금의 세상을 똑같이 못 견뎌하겠지. 그러니 지치지 말고 앞으로 가자.

지금 태어났기에 내가 피할 수 있었던 일들……. 여자가 생리를 할 때 부정하다고 격리되던 것은 아주 아주 예전, 결혼하고 나면 친정에 갈 수 없어 울었다는 것도 아주 예전, 조혼을 하던 것도 대략 그쯤, 여자가 땅이고 남자가 하늘이라는 말을 당연하게 여겼던 것도 예전, 여자도 대학에 가게 된 것은 그것보다 훨씬 뒤, 여성이 미혼인 채로는 독립할 수 없던 시절도 예전. 대략 이 정도의 주먹구구일 뿐이다. 한 세대 위의 엄마와 그 위 세대의 할머니를 보면서, 파편적으로 얻게 된 지식을 조합해보면서.

공부를 게을리한 탓인가 싶어 부끄러워지려다 멈칫한다. 무언가 이상하다. 나는 분명히 싫어하면서도 역사 교과서를 죽어라 달달 외웠다. 같은 교육을 받은 이들 간에는 함께 공유하는 기억이라는 게 있다. 비슷하게 수업을 듣고 시험을 보았기 때문에, 직접 경험하지 않은 많은 일을 기억할 수 있다. 고구려, 백제, 신라가 어떻게 싸웠고 어떻게 통일했고 조선이 어떻게 세워졌는지 지금은 많이 잊었으나 정식으로 배웠다. 민주주의를 쟁취하기까지 어떤 일이 있었는지, 또는 산업 혁명, 프랑스 혁명과 세계대전, 플랜테이션 농업에 대해서도 외워야 했다. 하지만 호주제 폐지 정도나 배웠을까, 온 세계의 전쟁과 건국에 대해 외웠지만 성평등이 진전된 일련의 흐름은 기억에 남아 있지 않다. 신사임당과 유관순의 전기만을 읽고 또 읽었던 내가 굳이 그 부분만을 지나쳐버렸을 리는 없다. 그렇다면 이것은 나 혼자만이 아닌 우리 세대 모두의 부재다. 할머니와 엄마, 내가 살아온 환경의 차이를 눈대중으로 재어보면서 느껴온 변화의 역사는 우리에게 지식으로 존재하지 않는다. 페미니즘의 성취는 이렇게나 쉽게 지워진다. 일부러 찾지 않으면 누구에게도 제대로 쌓이지 않는다.

10 당신에게는 무엇이 비어 있는가? 현재 당신이 무엇을
모르는지 아는 대로 써보자.

2   우리는 모두 모른다

예시 답안

07 엄윤정: (1) 여전히 성차별이 심각하지만 **육아하는 남성**은 생긴 세상이라 그나마 다행이다. (2) 성차별은 무슨, 이제 **육아하는 남성**도 있는데, 이 정도면 살기 좋은 세상이지.

08 김다경: **나는 내가 뭘 한다고 바뀌리라고 생각해서 이러는 게 아니야, 이게 맞다고 생각해서 이러는 거지. 그리고 뭐든 변화는 있어! 처음에 미러링이 뭘 바꿀 수 있냐고 했지? 근데 미러링 덕에 여자들은 자신들이 겪어온 폭력이 어떤 건지 정확히 알게 됐어!**

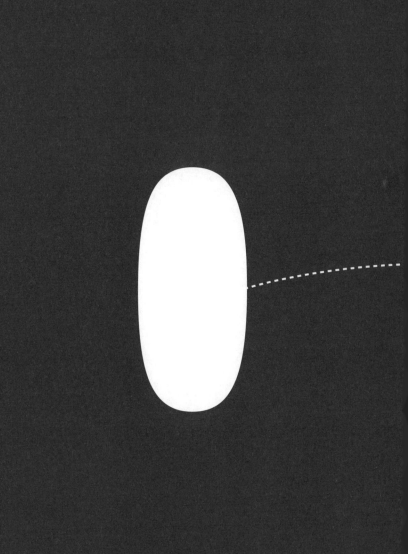

3
작은 승리를
기억하라

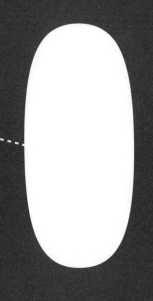

망망대해에 점처럼 떨어져, 아는 것이라곤 한 치 나아가기가 끔찍하게 어려운데 갈 길은 한참이나 멀었다는 것뿐이다. 사실 알고 보니 내가 항해를 시작한 지점은 사실 낱개의 점이 아니라 어떤 선 위였다. 하지만 이전의 나에게는 점을 선으로 이을 일관된 맥락이 없었다. 지금까지 나아졌고, 앞으로 나아질 세상을 산다고 믿었지만 사실 지금의 내가 누구의 무엇을 이어받았는지 모르는 채로 가진 믿음은 무너지기 쉬웠다. 역사적 상상력을 그러쥐고 살았다지만 그것은 막연한 감각이자 말 그대로 상상일 뿐, 여성의 지위가 빠르게 개선되었다는 체감도 느낌일 뿐이다.

그렇다면 나는 왜 모르는가? 여성이 어떻게 지금의 자리에 있게 되었으며 그동안 무슨 일이 있었는지 정규교육에서 그 맥락을 익히지 못했기 때문이다. 지식의 빈 자리를 부끄러워하며 채워 넣기 전에, 나에게 비어 있는 부분을 정확히 응시하고 이 부재가 만들어진 원인부터 찾아내야 한다. 나를 비롯한 모두에게 존재하는 부재는, 인구의 반과 나머지 반의 지위 구성이 변화해온 역사가 부차적인 이야기로 축소되었다는 가장 확실한 증거다.

역사적 상상력의 힘을 빌어 앞과 뒤로 길을 낸 나는 막연하고 간절하게 기다렸다. 뒤를 돌아보면 길을 이만큼이나 지나왔고 옆을 보면 누군가는 내가 가고 싶은 곳에 이미 다다랐으니, 나 역시 그런 순간을 맞기 위해 시간이 쌓이기를 기다린 것이다. 그러나 간과한 게 있었다. 길을 내는 것은 정말 시간인가?

각각의 점이 때로는 그저 홀로 점으로서, 혹은 몇몇 점끼리 뭉쳐서 일구어내는 작은 승리 없이는, 걸어나가기는커녕 길을 열어낼 재간도 없다. 그렇다면 지금의 내가 선 자리, 내가 딛고 있는 것은 누구의 승리인가?

호주제 폐지

11 2005년에 당신은 몇 살이었는가?

12 호주제가 폐지되지 않았다면, 당신의 삶은 어떻게 흘러갔을까? 상상하여 써보자.

[13-15] 다음은 호주제 폐지에 참여한 인물 중 일부에 대한 설명이다. 알맞은 이름을 고르시오.

13 우리나라 최초의 여성 변호사이자 호주제 폐지운동을 시작한 인물. 여성으로서는 최초로 서울대 법대에 입학해 사법고시에 합격했으나 야당 인사의 아내라는 이유로 판사 임용이 거부되었다. 1956년 여성법률상담소를 열고 37년 동안 가족법 개정을 위해 노력하여 세 차례 개정을 이끌어내는 데 성공했다. 1952년부터 호주제 위헌 심판과 헌법소원을 청구하며 투쟁한 지 53년 만인 2005년 3월 호주제가 폐지되었으나, 정작 본인은 이를 보지 못하고 1998년에 숨졌다.

① 고은광순　　② 이태영　　③ 김활란
④ 정일형　　　⑤ 김홍원

14 안티미스코리아 운동, 내 제사 거부하기 운동, 부모 성 함께 쓰기 운동 등 여성주의운동에 앞장선 페미니스트이자 한의사. 처음 함께 일한 스승이 유명한 임신 전문 한의사였는데, 찾는 사람들이 전부 아들 낳는 처방만 바라는 것을 보고 남아 선호와 여아 낙태를 정면으로 비판했다. 남녀 출생성비 불균형을 없애기 위해 여성단체연합과 토론하던 중, 호주제 폐지라는 결론에 이르렀다. 이후, 1998년 발족한 호주제 폐지를 위한

시민모임의 대표를 맡았다. 호주제 폐지의 당위성을
설명하는 유인물이 든 배낭을 메고 국회에 들어가 300명
가까운 국회의원을 일일이 설득했고 결국 성공했다.

① 조이여울　　② 오한숙희　　③ 권김현영
④ 조한혜정　　⑤ 고은광순

15 민주사회를 위한 변호사 모임에 속한 변호사 경력을 가진
국회의원이다. 호주제 위헌소송에 참여했고, 호주제
폐지운동에 참여하는 만큼 그 자신도 혼인신고를 하지
않았다. 이후 생활동반자 관계에 관한 법률을 추진했다.

① 강금실　　② 진선미　　③ 지은희
④ 박혜미　　⑤ 이유진

- -

답 (37P)

　　호주제는 호주를 기준으로 하는 가(家) 단위로 호적이
편제되는 제도로, 일제강점기에 도입되었는데 막상 일본에선
1947년 가 제도를 폐지하는 가족법 개혁이 이루어지면서
호주제가 사라졌다. 일제강점기에 들어온 뒤 전 세계에서
우리에게만 남아 있던 제도였다. 이때 호주란 물론 남성이다.
　　호주제에서 자녀는 아버지의 호적에 들어가고, 여성은
결혼을 하면 남편의 호적에 들어간다. 아버지가 숨지면 장남이

호주가 된다. 아들이 없다면 손자다. 호주의 아들 → 손자 → 미혼인 딸 → 미혼인 손녀 → 배우자 → 어머니 → 며느리 순으로 호주를 이어받는다. 유산 상속 순위이기도 하다.

그렇다면 나는 어땠을까. 결혼할 때까지는 친아버지 밑에 있다가 남편 밑으로 들어간다. 호주제가 남아 있다면 내가 독립한다는 선언은 제대로 받아들여질 리 없을 것이다. 아무리 독립할 의지를 표해도 친아버지의 호적에 언제까지고 머물러 있는 상황이라면, 나는 시집갈 생각은 않고 혼자 살고 있는 딸이거나, 입적해야 할 미래의 남편을 아직도 찾지 못한 유예된 아내로만 읽힐 것이다. 나이가 차서도 친부의 호적에 머물러 있다가는 가족의 걱정을 끊임없이 받거나 닦달에 못 이길 테니 웬만하면 결혼하는 게 낫다고 생각할 것이다. 그러나 사실상 아버지의 호적에서 남편의 호적으로 이동하는 것밖에는 되지 않으리라는 것을 안다. 호주제를 지적하면 사랑하는 사람끼리 누가 호주인 게 무슨 대수냐는 말을 듣지 않을까. 그렇다면 각자가 각자의 주인인 채 서로 사랑할 수는 없는가 의문을 품게 될 것이다. 결혼을 하더라도, 남편이 죽으면 호주가 되어줄 아들을 낳기 전까지는 안심할 수 없다. 딸은 아버지의 호적에 머물다가 남편의 호적으로 옮겨 갈 존재이므로 어디도 흔적을 남길 수 없다. 아이를 낳고 이혼하면 자녀는 동거인으로만 기록된다. 재혼을 해도 아이는 친부의 호적에 남는다. 새아버지의 성으로 바꾸려면 아이를 사망신고한 후 출생신고해야 해서

누군가는 빈 관을 붙잡고 울었다고 했다. 그러니 아이를 낳은
이상 이혼도 재혼도 엄두가 나지 않을 것이다. 누군가는 이혼하고
딸을 십 년이나 혼자 키웠는데 모르는 남자가 아이의 호주더라고
했다. 알고 보니 전남편은 죽고 그의 어린 아들이 딸의 호주가
되어 있었다고 한다. 이런저런 황당한 이야기에 겁을 집어먹을
것이 뻔하다. 내 딸이 모르는 남성의 호적에 오르게 할 수는
없지. 어지간하지 않고는 이혼하지 않도록 견뎌보겠다 다짐했을
것이다. 상상만으로 불안이 끊임없이 밀려온다. 결혼이나
이혼, 남편의 생사 여부를 막론하고 내가 오롯이 나로 존재하지
않고서는 없앨 수 없는 불안이다. 이것이 일제가 남긴 것을
우리의 '유구한 전통'인 양, 재혼가정의 아이들을 배제하는
제도를 '가족애의 수호자'인 양 지켜온 대가인가?

　　2005년 2월 3일, 호주제는 드디어 헌재에서 헌법불합치
결정을 받았다. 호주제도는 헌법상 평등권과 인간의 존엄성
및 이를 핵심으로 하고 있는 가족제도에 반한다. 이 한 문장을
위해서 50년이나 투쟁했고 결국 얻어냈다. 물론 호주제가
폐지되었어도 문제가 말끔히 사라지지는 않았다. 2005년 이전의
사회가 조성한 불안감은 심지어 내 안에서도 완전히 걷히지
않고 남아 있다. 하지만, 호주 될 남성에게 속하는 것만이 유일한
선택이던 때와는 달라졌다. 이제 나는 나로 온전할 수 있다.
여성이 이렇게 주장할 수 없었던 강력한 법적 근거는, 그렇게
주장하기를 열망한 여성들의 힘으로 사라졌다. 여러 대에 걸친

합작의 결과였다.

　　호주제 폐지운동은 결과뿐 아니라 그 과정에서 시민들이
자주적으로 목소리를 냈다는 점이 높게 평가받는다고 한다.
일부가 주도하고 나머지가 따라간 게 아니라, 다양한 행위자가
주체적으로 참여했다. 진선미 의원 등이 속한 '민주사회를 위한
변호사모임'이 위헌제청을 준비했고, 지은희와 강금실이 각각
장관으로 있던 여성부와 법무부가 긴밀하게 협력했고, 진보적인
17대 국회에서 가족법 개정안이 통과되었다. '호주제 폐지를
위한 시민모임'처럼 자발적 모임이 생겨났고, 호주제의 폐해를
드러내기 위해 시민들이 직접 위헌제청을 신청했다. 여성단체는
강연과 시위 등으로, 권해효, 문소리, 김미화, 백지연 등의 인사는
본인의 목소리로 참여를 촉구했으며 호주제 폐지를 주제로 한
드라마가 때마침 방영되어 시민의 관심을 모았다고 했다.

　　어느 날 강연에서 '우리 여성에게도 계보가 있다'는
소리를 듣고 제일 먼저 생각난 과거의 승리가 호주제 폐지였다.
마침 법학자 양현아는 2006년 발표한 본인의 논문에서,
"이태영 변호사가 (…) 여성의 계보를 새로 만들라는 요청을
끌어내었다"[1]고 이야기한다.

　　문제의 답과 함께 각각의 목소리를 일부 실었다.

13 ② 이태영

"변호사 사무실을 열자마자 마치 4천여 년이나 나 같은
사람이 나오기를 기다렸다는 듯이 버림받고 서러움
많은 여자들이 줄을 지어 몰려왔다. 사무실 앞 골목은
온종일 울음소리가 끊이지 않았다. 나는 이 여인들의
고통과 눈물과 한숨을 외면해서는 안 된다는 어떤 부름을
들었다. 그래서 일그러지고 상처가 나서 망가질 대로
망가진 이 여인들을 당당하고 온전하게 일으켜야 한다는
일념으로 함께 울고 위로하고 변론하였다. 그러다 보니
(가정법률)상담소를 하게 되었고 여성들이 차별받지 않는
세상, 여성들이 억울하지 않은 세상, 여성들이
인간으로 대접받는 세상을 창조하는 선봉에
서게 되었다. 최초의 여성변호사라는
남다른 위치에서 법 차별의 질곡으로부터
여성들을 구제하기 위해 시작한 상담소는
차츰 나의 '항변의 장소'가 되어갔다.
똑같은 사람인데 단지 여자라는 이유만으로
딸을, 어머니를, 아내를, 처가를 업신여기고
차별하는 사회의 부당한 법과 제도와
구조를 향해서, 또는 낡은 전통을 향해서

이태영

고발하고 반항하고 항변했다. 가족법개정운동은 전통을 고집하고 있는 우리 사회에 대한 나의 또 다른 고발이요 항거였다."[2]

14 ⑤ 고은광순

"나는 치열하게 싸웠다. 후대 사람들이 가부장제의 폐해에서 벗어나 웃으며 살 수 있다면 참 감사한 일이다. 그동안 세상의 부조리와 싸워왔으니 이제 나 자신의 진화와 성장을 위해 애쓸 때가 되었다는 생각을 했다. 그러고 보면 내가 태어났을 때부터 지금까지 필요 없는 시간은 하나도 없었구나."[3]

15 ② 진선미

"당시 사회적으로 굉장히 뜨거웠던 이슈였는데, 내가 머리채 잡히지 않은 게 다행이라 생각할 만큼 '을사오적'이라는 말도 듣고 공청회장에서 욕도 많이 들었다. 특히 성균관대학교를 나왔기 때문에 유림 어르신들께서 '너는 성대에서 뭘 배웠느냐'며 크게 반대했다. 전통이라는 것도 중요하지만, 어느 시점에 전통이 맞지 않을 때는 과감하게 벗어 던져야 한다. 이처럼 온갖 반대와

3   작은 승리를 기억하라

말로는 헤아릴 수 없는 수많은 역경을 거치면서 위헌 판결을 받아내고, 법이 개정되고, 제도가 바뀌는 과정을 10년 동안 볼 수 있었던 것은 정말 값진 경험이다. 지금도 너무 감사하다. 이를 통해 느낀 것은 '사람보다 제도가 위에 있는 것은 아니다'라는 사실이다. 제도가 사람의 의식 변화를 따라가지 못하거나 선도하지 못하는 시점이 되면, 그 제도는 오히려 구성원에게 족쇄가 된다. (…) 누군가가 한 대 때리면 '왜 때려요?' 하는 사람이 있기 때문에 다음 사람은 덜 맞는 것이다. 사회는 그렇게 변한다."[4]

16 다음은 오늘날에도 빈번히 일어나는 성폭력 사례다.
한국 사회에서 각 유형의 성폭력이 처음으로 공론화된
해를 추측하여 써보자.

(1) 대학원에 진학했는데 지도교수가
원치 않는 신체 접촉과 성희롱을
하는 등 불쾌감을 주었다.

년

(2) 가정에서 새아버지에게 지속적인
성폭력을 당했다.

년

17 성폭력은 [ ]하기(이기) 때문에 문제가 된다.
생각나는 대로 빈 칸을 자유롭게 채워보자.

18 사실 최근까지 우리 법에 따르면 성폭력은 '미래의
배우자가 가져야 할 정절을 타인이 침해하는 문제'였다.
이와 같은 시각은 어떤 문제를 야기할까?

19 '□(1)□년'에 법이 개정된 이후, '□(2)□죄'라는 장의
제목이 '강간과 추행의 죄'로 바뀌었다.
빈 칸에 들어갈 시기와 변경 전 죄목은 무엇일까?

(1)

＿＿＿＿＿＿＿＿＿＿＿ 년

(2)

＿＿＿＿＿＿＿＿＿＿＿ 죄

답 58P

인도에서 두 달간 성교육 봉사를 한 적이 있다. 여학생과 성인 여성으로 나뉜 두 반을 맡았다. 성폭력을 당한 친구에게 편지를 써보는 활동을 하던 날, 열 명 남짓 되던 성인반 여성이 쓴 편지의 주된 내용은 한 치의 오차도 없이 같았다. "빨리 그 남자와 결혼해." 문화 차이에 주의해야 한다고 생각했고 제법 잘 적응한 줄 알았는데, 이 날은 충격을 받아 한참이나 아무 말도 하지 못했다. 성폭행을 당했다고 가정하라니까? 성폭행범과 결혼을 하라는 조언이 대체 어디서 떨어진 건가, 게다가 어떻게 저렇게 입을 모아 이야기할 수 있는지……. 인도에 머무는 내내 그것만은 절대 이해할 수 없었다.

귀국하고 일 년쯤 지난 뒤, 학교에서 열린 작은 세미나 자리에서 누군가가 대략 이렇게 말했다. '우리나라 법에서 강간은 절도와 비슷했어요. 미래의 남편 몫인 여성의 정절을 누군가가 훔쳤다는 거예요.' 남편 될 사람이 가져가야 하는 정절을 빼앗겼다. 그렇다면 어떻게 해결하면 되겠는가? 순간 많은 것이 이해되었다.

인도 여성들의 편지뿐이 아니었다. 어렸을 적부터 읽던 옛날 이야기에 종종 나오던 은장도, '도둑맞았다'는 비유나 '책임지라'는 표현, 성 경험이 없는 척해야 똑똑한 여자인 거라던 토크쇼 패널의 말 등, 분명하게 느꼈으나 미처 연결 짓지 못했던 많은 것.

'강간과 추행의 죄'라는 이름으로 바뀌기 이전에, 형법에는

3   작은 승리를 기억하라

정조에 관한 죄라는 명칭만이 있었다. 심지어 이 명칭 개정은 19(2)
1995년 12월 29일에 이루어졌다. 상상조차 하기 어려운 죄목이 19(1)
법전에 버젓이 올라 있는 해를 나 역시 몇 년이나 산 것이다.
어떤 면에서 우리는 지금도 별 다를 것 없는 세상에 산다. 여전히
성폭력 피해 사실을 온전히 인정받기 위한 조건이 까다롭고,
생존자는 쉽게 손가락질을 받는다. 그러니 대중의 인식은
물론이고 법에서마저 내가 당한 침해를 앞으로 있을지 없을지도
모르는 남편의 손실로 해석하는 시대를 살았다면 어땠을까.

모르긴 해도 끊임없이 확인받아야 했을 것이다. '본의
아니게' 정절을 잃은 거라야만 보호받을 수 있을 것이기
때문이다. 때문에 괜한 의심을 사지 않으려 '정숙'해야 했을
것이다. "원래는 몸가짐을 늘 바르게 하며 남편 될 사람에게
주려고 잘 간직하고 있었어요." 무엇보다 이것을 입증해야
하니까. 증언을 하러 갈 때에도 오해를 불러일으킬 만한
옷차림으로 보이지 않도록 거울 앞에서 스스로 단단히 단속한 뒤
집을 나설 것이다.

"몸가짐을 정말 바르게 했다면 이런 일이 일어날 수 없을
텐데?", "혹시 이전에 스스로 버린 정절을 지금 잃어버린 척하는
건 아니야?", "여태 간직하던 걸 이 청년에게 주어서 남편으로
만들려는 수작 아니야?"

정절을 잃은 게 이번 일 때문이 맞는지, 정절을 지키기 위해
온몸으로 저항했는지 입증해야 할 것이다. 더 거세게 저항하지

않은 이유를 계속 설명해야 할 것이다. 사건 당시 생명의 위협을
느꼈다는 점은 고려되지 않을 것이다. 분명하게 거부했다면
이런 일이 일어나지 않았으리라는 의혹에 끊임없이 해명해야
할 것이다. 또한, 혹시 내게 성관계를 하고픈 의사가 조금이라도
있지는 않았는지 집요하게 검증할 것이다. 물론 그 과정에서
내 의사를 내게 묻지는 않으리라. 부부 사이에야 더더욱, 내가
원했든 아니든 강간이라는 게 성립했을 리 없다. 법전에마저
그렇게 쓰여 있는데, 나는 어디에 기댈 수 있었을까. 내가 잘못한
게 아니라는 걸 나 자신인들 믿을 수 있기는 했을까? 이 시절
펼쳐졌을 장면, 오갔을 말들은 지금의 내게도 친숙하다. 여전히
피해자는 끊임없이 결백을 입증해야 하고, 의심의 눈길을 견뎌야
하고, 추궁당하고, 모욕을 받는다.

그런데 이상하다. 나는 어째서 이 사회가 여성의 '순결'에
집착하는 걸 익히 보아왔음에도 여성의 정절이 남성 소유로
여겨진다는 사실에 새삼 충격을 받을 수 있었는가? 성폭력
피해자가 어떤 비난과 의심을 받을지 어렵지 않게 상상내면서도
동시에 성적 자기결정권이라는 단어를 당연하게 상기한 것은
어째서인가? 나는 분명하게 인식의 단절을 경험했다. 그렇다면
무엇이 그때와 지금의 단절을 만들어낸 걸까.

여성의 경제력이 현모양처의 조건으로 추가될 무렵,
여성들은 일자리를 찾아 나섰다. 1935년 2월 3일 자

『조선중앙일보』는 직업부인의 성공 조건을 '남자들이 잡생각하지 못하도록 항상 주의하시는 분', '남자들과 너무 함부로 놀지 않는 분'으로 꼽았다. 〈바다와 나비〉를 쓴 시인 김기림은 잡지 『신여성』에서 직장을 얻은 여성을 두고 "무경비지대에 버리운 정조"라 표현했다.[5] 직장 내 성희롱은 이미 늘 일을 해온 여성들이 그 일터를 가정 밖으로 옮긴 당장 그 시점부터 시작되었을 것이다. 그리고 직장 내 성희롱은 지금도 상당히 많이 발생하고 있으며 이에 대한 인식도 이때보다는 개선되었을지언정 크게 나아지지 않았으니, 결코 낯설지 않은 문제다.

그리고 **1993년**, 서울대에서 재직하던 신정휴 교수가 **16(1)** 실험실에서 계약직으로 근무하던 우 조교에게 성희롱을 했다. 교수가 원하는 대로 응하지 않은 조교는 기존의 약속과 달리 유급조교 재임용에서 탈락했다. '신 교수 사건'이라 불리는 이 사건 전에 성폭력이 피해자 중심주의에 입각해 다루어진 일은 없었고, 성희롱이 범죄로 인정되지도 않았다. 그런데 이 일을 계기로 성희롱이라는 죄목이 생겨났고, 피해자 중심주의라는 관점이 생겼다. 성폭력 피해를 당한 여성이 걸어갈 수 있는 길 하나가 열린 것이다.

그렇다면 존재하지 않던 길이 나기까지, 사건 발생으로부터 얼마나 오랜 시간이 걸렸을까? 6년이다. 신정휴 교수가 치른 대가는 무엇이었을까? 우 조교에게 500만 원을 지급하는 것이었다. 이미 나 있는 길을 걸어가기도 쉽지 않은데, 새로 길을 내기는 얼마큼 더 어려웠을까. 한국 사회에서 첫 직장 내 성희롱 사건이 인정받기까지 거쳐야 했던 과정과 그 과정에서 일어난 변화는 다음과 같다.

1993년 8월, 우 조교가 대자보로 성희롱 사실을 학내에 공론화했다.

1993년 9월, 학생들 사이에 진상 규명을 촉구하는 대자보 논쟁이 벌어졌다.

1993년 10월, 우 조교는 5000만 원의 손해배상을 청구했다. 이때 그의 변호사는 박원순이었다.

1994년 4월, 1심에서 우 조교가 승소, 3000만 원의 배상 판결이 났다. 교수는 항소했다.

1995년 7월, 선고공판에서 우 조교가 패소했다. 학내는 들끓었고, 가해자 중심의 판결이라 비난했다. 총학생회가 재판부에 엽서 보내기, 설문조사 등의 활동을 계획했으나 다음해 신 교수는 교양과목을 맡아 강단에 섰다. 하지만 학생들이 수강신청을 집단 거부하여 강의가 취소되었다.

1997년, 서울대 내 관악여성모임연대가 발족했다.

1998년 2월, 대법원이 성희롱 사실을 인정했다.

1998년 8월, 우 조교가 자신의 입장을 학내에 표명했고

서울대학교 학생회, 여성문제 동아리 연합회, 대학원
자치회가 8월부터 11월까지 진상 규명 활동을 진행했다.
*피해자만 대중에 노출되곤 하는 상황을 반전하기 위해 본 사건에
가해자의 이름을 붙여 '신 교수 사건'이라 부르며 인식 변화를 촉구했다.

1999년 2월, 정부가 직장 내 성희롱을 문제로 인식하여
기존의 남녀고용평등법을 개정했다. 직장 내 성희롱에 대한
규정이 처음으로 명문화된 것이다. 사업주가 직장 내
성희롱을 예방하고 안전한 근로환경에서 일할 수 있는 여건을
만들어줘야 한다는 의무를 부여하는 내용이다.

1999년 6월 25일, 500만 원의 손해배상 지급명령이
내려졌다.

2000년, 서울대학교 내 성희롱, 성폭력 규정안이
마련되었다.

보이지 않던 성희롱이 인정받게 되기까지, 전진만 있었을
리 만무하다. 1994년 판결 이후, 남녀가 함께 앉으면 삼천만 원,
"삼천만 원이 없으면 쳐다보지도 얘기하지도 접근하지도 말라"는
조롱 섞인 농담이 횡행했다. 1998년 4월, 신정휴 교수는 본인의
고백, 주변 이야기, 부인의 심경, 법정기록 등을 담아『나는
성희롱 교수인가』라는 책을 펴냈다. 2002년 10월, 당시 서울대
총장 정운찬이 한명숙 여성부장관과의 면담에서 신 교수 성희롱
사건에 대해 "재계약에서 탈락된 우 조교의 앙심에서 비롯돼

억울한 사람을 매장한 사건이었으며, 당시 우 조교를 지원한 여성운동이 신중하지 못했다"고 발언했다.

오늘날에도 되풀이되는 것이 있다. '너 그러다 삼천만 원'이라는 식의 웃기지 않은 농담은 아주 최근까지도 유효하고, 직장과 대학 속 권력 관계 아래서 발생했으나 피해자가 입밖에 내지도 못했을 성폭력 사건이 얼마나 더 많을지는 짐작하기조차 어렵다. 그러나 사건을 마주한 이들 중 누군가는 같은 일이 되풀이되는 현재와 싸우고, 그대로 두었다면 지금의 우리를 더 세게 옥죄었을 실낱을 잘라내며 그다음의 투쟁을 이어갔다.

신정휴 사건은 직장 내 성희롱의 개념을 만들었으며, 대학과 운동사회 내의 반성폭력 문화에 불을 붙였다. 이를 이어받은 것이 2000년의 100인위원회 사건이다. 간단히 말하면 이전까지 드러난 적 없던 운동사회 내에서의 성폭력을 처음으로 공론화했다. 개인의 문제로 치부하지 않고 운동권 가부장제라는 구조를 직시한 것이다. 이 사건에서 피해자는 수동적인 입장에서 주체적인 입장으로 거듭났고, 가해자의 실명을 공개하는 방식을 추진했다.

도덕적으로 우월하다고 여겨지는 운동사회에서도 남성이 저지른 성폭력은 기존의 그것과 다를 바 없었다. 그러나 진보 성향 남성이 자행하는 성폭력은 쉽게 숨겨졌다. 바깥에 드러냈다가는 보수 진영에게 약점을 잡힐 것이 뻔했기 때문이다.

그것을 숨기려 급급해하는 데는 성별 구분이 없었다. 성폭력
사건이 일어나면 여성은 활동을 그만두게 되었고 남성은 여전히
잘나갔다. 기존 사회의 문법과 정확히 일치했다. 100인위 사건은
제약 없이 운동을 계속하던 가해자의 활동 반경을 좁히기로 했다.
전희경의 『오빠는 필요없다』에 따르면, "문제 제기 방식으로
'실명 공개'를 채택한 것은 뜬금없는 돌출행동이 아니라,
1990년대 중반부터 이어져온 반성폭력운동의 계보 속에서 내린
결정"이었다.

　　　　이에 대해 100인위원회운동에 참여했던 저자의
소회는 다음과 같다. "최대한의 전략이라기보다 '최소한 이
정도는 할 수 있다', '이것밖에 방법이 없다'는 마음으로 한
운동이었다." 대의라는 가치를 내세워 지켜왔던 침묵을 깨뜨리는
100인위원회의 운동은 오늘날 우리가 경험하고 있는 크고 작은
목소리, 움직임들과 많이 닮았다. 이것밖에 방법이 없다는 절박한
마음을 공유하며 침묵을 깨뜨려나가는 우리는 지워지기 십상인
승리를 꿋꿋이 이어갔다. 그것을 딛고 다음 승리를 만들었다.
이것을 깨뜨리고 나면 다시 다음 것을, 다음 것이 깨지면 또
그다음 것을 깨뜨려 길을 낸다. 그리고 그것을 저지하려는 이들의
모습 또한 변하지 않았다. 그들의 말은 길이 나기 전까지는 힘이
세지만 일단 하나의 길이 뚫린 후에 돌아보면 금세 우스울
뿐이다. 지금의 움직임을 가로막고 있는 이들의 목소리도 힘이
아주 세다. 그러나 그들의 말도 금세 우스워질 것이다. 오랜

기록을 뒤져볼수록 나는 확신을 얻는다.

성희롱이 범죄로 인정되며 피해자 중심주의가 상식으로 자리 잡기 이전에는 어떤 일이 있었을까? 친족성폭력 신고 건이 지난해인 2015년 520건, 2014년 564건에 달한 현재로서는 상상하기 어려운 일이지만, 1994년 전까지는 아버지를 성폭력 가해자로 고소할 수 없었다. 존속 고소와 친족 간 성폭행 제3자 **16(2)** 고소가 가능하게 된 직접적 계기는 **1992년** 1월 17일 벌어진 강도 살인 사건이었다. 사망자는 검찰 간부였고, 살인자는 의붓딸의 남자친구였으며 사건 당시 딸도 함께였다. 사망자는 재혼 상대의 어린 딸을 12년 동안 성폭행했다. 이 남성은 딸에게는 물론이고 이 사실을 알고 있는 아내에게도, 쥐약과 식칼을 갖다 놓고서 이혼이나 고소를 생각하면 가족을 몰살하고 검찰의 위세를 보여주겠다고 끊임없이 협박했다. 이후 대학에 들어간 딸은 남자친구를 사귀게 되었고, 여자친구가 될 자격이 없는 몸이라며 피해 사실을 고백했다. 둘은 가해자에게 교제 허락을 받으러 가본다. 그러나 가해자는 "네 년이 '바람'이 났다"며 변함없는 태도를 보였다. 남자친구는 경찰에 신고하자고 설득했지만 상대는 검찰 간부였다. 딸이 진작 신고해보았으나 찾아온 경찰은 가해자에게 인사만 하고 돌아갔다.

피해자가 성폭력을 당하지 않기 위해 얼마나 충분히 저항했는지, 어머니는 딸을 보호하기 위해 최선을 다했는지,

살인이 정말 다른 방법을 모두 동원해본 뒤 어쩔 수 없이 선택한 최후의 수단이었는지, 가해자가 어떤 행위를 일삼았는지는 지금 더 밝혀낼 필요가 없다. 이미 당시 검사가 명백한 성폭력 피해 사건을 두고도, 혹시나 피해자가 자신이 당한 일을 스스로 원했던 순간이 있었는데 잘못 짚었을까 봐 다음과 같이 실컷 캐물었기 때문이다.

"학교 성적이 우수했던 것으로 아는데, 생활은 지극히 정상 아니었는가?", "이제까지 잘 살아오다가 사랑하는 사람이 생기자 살인을 결심하고 방해물을 제거하려 했던 것은 아닌가?", "의붓아버지와의 관계를 피고인도 즐긴 게 아닌가?"[6]

사실 피해자를 향한 재판부의 의심이나 친족성폭력 자체, 가해자의 잔인성은 하나도 새롭지 않다. 그렇지만 '김보은, 김진관 사건'이라는 이름이 붙은 이 사건은 묻혀버린 숱한 유사 사건과는 다르게 하나의 비극인 동시에 한 번의 전진으로 남아 있다. 가해자의 죄질이 유별나서 기억에 남기 쉬웠던 게 아니다.

김진관의 아버지는 김보은을 비난하지 않았고, 성폭력상담소에 도움을 요청했다. 성폭력상담소는 사건 1년 전인 1991년에 막 개소한 상태였다. 22명의 무료 변호인단이 구성되었다. 정당방위를 인정받기 위해서였다. 여성단체도 집결했다. 전국의 지원 단체와 대학생 자원봉사자들이 공동대책위원회를 결성했다. 『여성신문』은 딸을 방관했다는 비난을 받은 김보은의 어머니와 신경정신과 박사를 만나게 했다.

전문가를 통해 "엄마는 그 지경까지 무엇을 했느냐"는 의문에
대한 답을 얻기 위해서였다.

충주로 달려간 이들도 있었다. 주로 김보은 또래의
여대생이었다고 한다. 김보은이 얼마나 충분히 저항했고 그가
받은 피해가 얼마나 원치 않는 일이었는지, 살인이 그 자신에게도
얼마나 끔찍한 선택이었을지를, 집요하게 의심하지 않고도
알고 있는 사람들. 자신의 일이라 느껴졌다던 사람들이다.
기록에 따르면 여학생들은 꽃을 하나씩 들고 있었다 한다. 재판
후 학생들은 김보은과 김진관을 태운 버스를 둘러싸고 울면서
이름을 불렀고, 닭장차 틈으로 꽃을 밀어 넣으려 했다고 한다.

결국 1심에서 남자친구인 김진관에게 징역 7년, 딸인
김보은에게 징역 4년이 선고되었다가 배금자 변호사가 변론한
항소심에서 판결이 바뀌어 김진관은 징역 5년을, 김보은은
징역 3년에 집행유예 5년을 선고받았다. 그리고 다음해인
1993년 대통령 특사로 김보은은 형효력상실 특별사면 대상이
되었고, 김진관도 형기의 반이 감량된다. 이 사건은 처음으로
살인죄에 집행유예가 선고된 사례가 되었으며, 아동성폭력
피해자인 김부남 사건과 더불어 1994년 성폭력특별법이 제정에
직접적으로 영향을 미쳤다.

나는 언젠가 바뀌리라는 희망과 아무것도 바뀐 게 없다는
절망 사이에서 줄타기를 한다. 성폭력은 대충 생각해보아도 언제
어디에나 있었고 지금도 어디에나 있다. 아무것도 변한 게 없는

것 같다. 그러나 변한 게 있다. 엄밀히 말하면 성폭력을 일으키고 옹호하는 이들은 변하지 않았고, 그것을 바라보는 시선과 규제하는 방식은 분명히 변했다. "1990년대 초반은 이제껏 여성들에게 드리워져 있던 억압과 폭력의 가림막이 걷히고 그 흉물스러운 속을 드러내던 시기였다."[7] 김보은, 김진관 사건을 기억하는 이는 그때를 이렇게 회고한다. 그 가림막을 걷어낸 지는 이렇게나 얼마 되지 않았다.

　　누군가는 들어본 적 있고 누군가는 처음 듣는 이야기겠지만, 연이은 몇 번의 승리가 바꿔낸 것이 있다. 지탄을 받는 대상이 피해자에서 가해자로 뒤집혔다. 오늘날 여전히 가해가 멈추지 않는다 하더라도, 수군거림이 끊이지 않는다 하더라도, 눈총을 받는 쪽은 더 이상 피해자의 곁에 선 이가 아니다. 이제 변명을 한마디라도 더 덧붙여야 하는 쪽은 가해를 옹호하려는 이다. 속으로 무슨 생각을 하든, 공공연한 자리에서는 최소한 가해자를 옹호하지 않는 척이라도 해야 한다. 상식 밖의 것을 상식이라 주장하고 싸웠던 낯선 자들, 언제 등장하든 불청객 취급을 받던 이들이 그 방향을 기어코 뒤집었기 때문이다. 기어코 가위를 들고, 기존에 피해자를 옭아매던 잘못된 인식의 실타래를 잘라냈기 때문이다. 가위를 든 이를 무서워하며 비방했던 이에게든 그를 돕고 지지했던 이에게든, 가위질의 결과는 평등하게 적용된다. 성적 자기결정권의 개념을 얻어낸 이상, 이 권리가 법전에서 도로 지워진다고 하더라도 우리에게서 그것을

앗아갈 수는 없다. 그 전과 같을 수도 없다. 지금의 내 삶이
속한 상황이 이전과 단절되었다는 사실을 떠올릴 때마다, 나는
최소한의 안도감을 얻는다.

　　여성의 성이 언제나 폭력과 맞닿아 있기만 했던 건 아니다.
비슷한 무렵인 1995년은 연세대학교 94학번으로 들어간
누군가에게 '처녀막 공포가 처음으로 사라진 해'로 기억된다고
했다. 1995년에 연세대학교에서 열린 성정치 문화제가 그
직접적인 계기다. 이 행사에서는 커트 코베인의 노래 제목
〈날 강간하라〉를 구호로 달고 콘돔을 전시했다. 연세대학교
이후 이화여대, 성균관대, 동국대, 서강대 등 여러 대학에서
성 문화제가 열렸다. 억압과 폭력을 걷어낸 여성들은 자신의
욕구를 바로 보았다. 말하기 어려웠던 쾌락을 정의 내리는
방식도 달라졌다. 다양성, 소수자, 섹슈얼리티 등 온갖 담론이
떠올랐다. 한국에서 퀴어 운동이 시작된 때도 이 무렵이다.
1993년 12월 최초의 동성애자 인권 모임인 초동회가 게이를
중심으로 운영되면서 레즈비언이 배제된 문제로 해체되고,
이듬해인 1994년 11월에 현재 한국레즈비언상담소의 전신인
한국여성성적소수자인권모임 끼리끼리가 생겨난다. 퀴어
커뮤니티는 1990년대 중반에 PC통신을 중심으로 급속히
성장했는데, 현재 레즈비언 활동가인 한채윤 역시 이 무렵
하이텔 동성애자 인권모임에 참여하면서 활동을 시작했다. 가장

개인적인 것이 가장 정치적이라는 말처럼, 이때 여성들은 법률 제정과 같은 거대한 담론을 언급하기보다는 자기 자신의 몸에 주목했고, 일상에 집중했다. 같은 과 남학생과 공동으로 쓰는 사물함에 생리대를 넣어두고 당당하게 꺼내 쓰고, 페미니스트 캠프에서 사적인 경험을 고백했다. 이성애중심주의 비판과 함께 정치적 레즈비어니즘이라는 개념도 생겨났다. 김홍미리, 권김현영, 정승화, 김신현경, 전희경, 조이여울, 이가은, 이현옥 등, 새로운 방식으로 나타난 개인들은 당시 '영 페미니스트'라 불리며 주목을 받았다.

1996년 열렸던 이화여대의 문화제 때 고려대 학생이 난입해 폭행을 저질렀다. 앞선 문화제에서도 난동을 저지하려는 교수의 차에 올라타고, 이화여대 총학생회장의 머리에 막걸리를 붓고, 머리채를 잡고 끌고 다녔다. 그런데 이 해에는 정도가 더 심했다. 이대생의 줄다리기를 어느 때보다 조직적으로 훼방 놓았는데, 이 과정에서 한 학생의 오른팔이 으스러져 수술을 받아야 했다. 신촌 소재 대학의 영 페미니스트들은 당시 그들이 모였던 '피어라 들꽃'이라는 클럽의 이름을 따 '들꽃모임'을 만들고 함께 대책을 마련했다. 대표도, 규칙도, 강요도 없이 모여서 이들은 자신의 이야기를 했고 연대했다.

당시 고대생은 자신들의 난동을 장난이라 표현했으나 이대 총학생회와 당해에 생긴 여성위원회는 본 사건을 '집단적 성폭력'이라고 규정했다. 주체가 남성, 대상이 여성이었으며 사회, 정치적으로 우위인 남성집단이 여성집단에 가한 폭력이기 때문이다. 이듬해인 1997년 발표된 김현미의 「여성주의 성교육을 위한 모색」은 여태까지 당연시되고 과장되었던 처녀막이라는 허상을 정면으로 공격했다. 여태껏 가부장제 질서를 유지하는 데 공헌했던 기존의 성교육을 여성의 관점에서 새롭게 보는 시도였다. 그해 페미니스트 저널 「이프」가 창간했고, 이듬해인 1998년부터는 최초의 페미니스트 웹진 「달나라딸세포」, 여성주의 잡지 「두입술」, 웹진 「언니네」와 같이 여성주의 글쓰기에 기반한 다양한 페미니즘 출판물이 등장했다. 일상을 희생하는 운동 대신 개인의 삶을 풍요롭게 하는 문화제와 퍼포먼스를 주로 열었다.

1998년에 들꽃모임의 졸업생들은 돌꽃모임이라는 이름으로 지하철 성추행사건을 막고자 모였다. 민우회가 1997년 12월에 실시한 실태조사 결과 응답자 천여 명 중 75퍼센트가 지하철에서 성추행을 당한 적이 있었을 만큼 만연한 경험이었기 때문이다. 따라서 돌꽃모임과 민우회는 지하철공사에 성추행은 법적 처벌을 받는 행위임을 경고하는 안내방송을 요구했다. 그러나 이 방송이 모든 남성을 성추행범으로 매도하고 있으며 공공장소에서 낯뜨겁게 성추행이라는 말을 서슴없이 내뱉느냐는 항의가 빗발쳤다. 결국 공사 측은 방송 문안을 "복잡한 열차 내에서 승객에게 불편을 주는 행위를 하지 맙시다. 열차 내에서 사람에게 혐오감을 주는 불쾌한 행위는 법에 의해 처벌을 받게 되는 경우가 있습니다"로 확정했다. 지하철 안에는 경보기를, 여자화장실 앞에는 카메라를 설치했다. 성추행은 여전하지만 안내방송과 경고 문구가 생겨난 것은 이때 부터다. 훗날 처녀막을 강조하는 지식에 대항할 수 있게 된 것도, 여성에게도 성욕이 있으며 쾌락을 추구할 수 있다는 주장이 힘을 얻은 것도 전부 이 시기를 지났기 때문이다.

여기서 다음 의문이 고개를 든다. 나는 왜, 여성의 몸이 오롯이 자신의 것임을 인정하는 성적 자기결정권이 생겨난 배경을 어딘가에서 주워들어야만 했을까? 이토록 당연하고도 절실한 권리를 무엇이 어떤 이유로 어떻게 막았는지 나는 알지 못했다. 과거와 지금 사이에 단절을 있게 한 이, 권리를 찾아준 이가 누구인지도 알지 못했다. 모두가 교육받고 기억해야 할 사건으로 선택되지 않은 탓이다. 내가 나를 결정하는 것을 막는 데에 제대로 된 이유가 있을 리야 없고 그저 누군가가, 무언가가 힘으로 눌러왔으리라고 막연히 짐작했다. 나는 나의 권리를 힘으로 누른 자의 얼굴도, 누르는 손을 걷어내준 이의 얼굴도 알지 못했다. 성적 자기결정권이 등장하고, 점차 자연스러운 것으로서 받아들여지고, 실체도 의미도 없는 정조를 법에서 떼어낸 지가 생각보다 더 얼마 되지 않았음을 알게 된 건 순전 우연이었고 또 아주 최근이었다.

20 만일 오늘날까지 누구도 움직이지 않았더라면? 성적
자기결정권을 비롯해, 어떤 억압도 깨어지지 않은 가운데
맞이했을 당신의 오늘을 상상하여 써보자.

16 (1) 1993년 (2) 1992년
19 (1) 1995년 (2) 정조에 관한 죄

더 알아보기 1

- 다음은 한국성폭력상담소에서 꼽은 '성폭력 추방에 영향을
  미친 10대 사건'이다. 각 사건이 무엇을 바꾸었는지 알아보자.

변월수 사건

강정순 사건

부천서
성고문 사건

김부남 사건

김보은
김진관 사건

성폭력특별법
제정

롯데호텔
성희롱 사건

서울대 조교
성희롱 사건

강릉 K양
사건

사단장
성추행 사건

- 물론 성폭력은 오늘도 숱하게 일어난다. 최근 벌어진 사건
  중 위에 언급한 10대 사건과 흡사한 사건을 찾아서 나란히
  놓고, 과거와 달리 무엇이 가능해졌고 무엇이 여전한지
  비교해보자.

더 알아보기 2

아내폭력이 가정의 테두리를 벗어나 법적인 차원에서
다루어지기 시작한 것은 언제부터일까? 먼저 추측해본 뒤, 직접
찾아보자.

참고할 거리

책

『'정의의 변호사' 되라 하셨네』, 이태영 지음, 한국가정법률상담소, 1999

『우리들의 삶은 동사다』, 한국성폭력상담소부설 열림터 외 지음, 이매진, 2014

『한국 여성인권운동사』, 한국여성의전화 엮음, 한울, 2015

『눈물도 빛을 만나면 반짝인다』, 은수연 지음, 이매진, 2012

『나는 페미니스트이다』, 달과입술 지음, 동녘, 2000

논문

양현아(2006)「호주제 폐지, 여성인권, 이태영 변호사가 남긴 유산(遺産)」

김현미(1997)「여성주의 성교육을 위한 모색」『한국 여성학』

　　　　제13권 2호(1997년 11월)

영화

김유진 감독 〈단지 그대가 여자라는 이유만으로〉, 1990

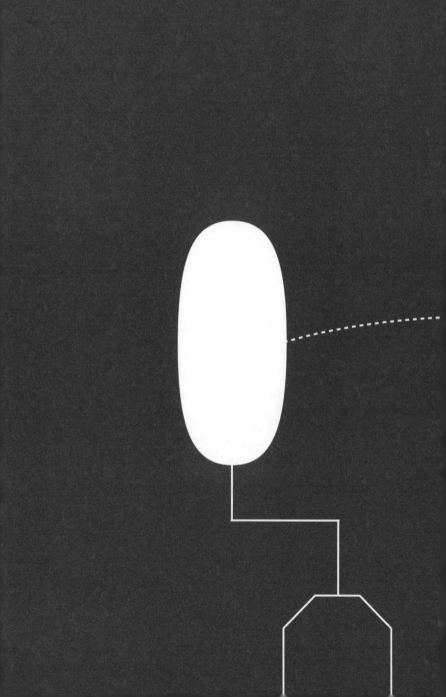

4
기념하지 않으면
잊힌다

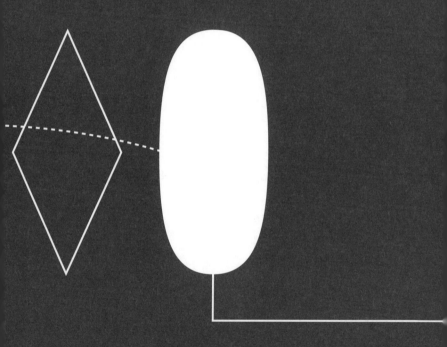

- 우리나라 민주화는 남성의 것이다. 민주화운동을 대부분 남성이 했기 때문이다.
- 여자들, 그렇게 남자가 싫다면 남자가 만든 지하철도 이용하지 마라!

이 둘은 별개의 온라인 게시 글 내용이었는데, 보고서 허튼소리라고 지나쳐버릴 수가 없었다. 저 말을 쓴 이들이 얼마나 진심인지 느낄 수 있었고, 그들의 진심 어린 한마디가 아주 적확하게 현실을 반영했기 때문이다. 게다가 둘 모두 숱한 추천을 받았다. 그렇다면, 이들의 말은 사실인가? 사실이 아니라면 무엇인가?

21 **역사에 남은 여성의 이름을 떠올려보자. 그들은 어떤 인물로 기억되는가?**

[22-24] 다음은 누구에 대한 설명일까?

22 에드거 앨런 포를 국내에 처음 소개했다. 1917년 잡지
『청춘』에 단편소설 「의심의 소녀」가 당선되면서 근대 최초의
여성 작가로 데뷔했다. 이후 작품집 『생명의 과실』(1925)과
『애인의 선물』(1928)을 발간했고 소설 23편, 시 107편,
수필, 평론, 희곡과 번역시, 번역소설 등 방대한 양의 문학
작품을 남겼다.

① 공지영　　　② 김명순　　　③ 김영실
④ 정선숙　　　⑤ 임영신

23 우리나라 최초의 여성 서양화가이자 판화가, 조각가, 시인,
소설가, 교육자, 사회활동가. 부모 성을 함께 쓴 최초의
인물로 추정된다. 독립운동 자금을 모으기도 했다.

① 나혜석　　　② 허난설헌　　　③ 황에스더
④ 나임윤경　　　⑤ 김장현미

24 1879년 생, 미국 유학 때 선교사로 파견되었으나 자립을
꿈꾸며 근화여학교를 설립해 교육운동에 힘썼다. 교육에서
소외된 계층에 집중했고 오직 여성의 힘으로 학교를 세웠다.

① 차미리사　　　② 박에스더　　　③ 윤정원

④ 유영준　　　　⑤ 권기옥

25 다음의 네 여성이 한국 사회에 불러온 변화는 무엇일까?

조화선, 주길자, 이영숙, 이총각

26 1979년 8월 11일 김경숙이 사망한 사건은 ☐☐의
도화선으로 평가되곤 한다. 빈 칸에 들어갈 말은 무엇일까?

27 사진 속 기념탑은 다음 사건을 기리기 위해 세워졌다.
사건의 이름은 무엇일까?

1931~1932년 사이에 238차례의 시위를 감행했으며, 연간 1만7000여
명이 참가한 3대 항일 투쟁 중 하나다.

28 다음은 노래 가사다. 노래의 제목과 지은이를 쓰시오.

아무리 왜놈들이 강성한들 우리들도 뭉치면 왜놈 잡기 쉬울세라
아무리 여자인들 나라 사랑 모를쏘냐
아무리 남녀가 유별한들 나라 없이 소용 있나
우리도 나가 의병 하러 나가보세 의병대를 도와주세
금수에게 붙잡히면 왜놈 통치 받을쏘냐 / 우리 의병 도와주세
우리나라 성공하면 우리나라 만세로다 / 우리 안사람 만만세로다

29 유관순을 제외한 여성 독립운동가의 이름을 아는 대로 써보자.

30 1898년 9월 1일, 서울 장안이 떠들썩했다. 일주일 뒤,
『황성신문』은 그날의 광경을 '놀랍고 신기하다'고 표현했다.
같은 내용이 『독립신문』과 『제국신문』에도 실렸다. 한국
여성에게 역사적으로 아주 중요한 의미를 지니는 이 날, 어떤
일이 있었을까?

31 각 발명품을 발명한 이의 이름을 맞혀보자.

자동차 와이퍼	드립커피 종이 필터	코볼(비즈니스 프로그래밍 언어)	전화기	티푸스 치료법
무선어뢰 조종 시스템	벌채도구	폐쇄회로 카메라(CCTV)	식기세척기	전구
WIFI, GPS의 기본 원리	스크루 프로펠러	비상계단	축음기	일회용 기저귀
방탄조끼용 합성섬유	비행기	자동차 히터	증기기관	태양열 난방주택
컴퓨터 프로그래밍 언어 알고리즘	종이봉투 제작기계	아이스크림 제조기	백혈병 치료제	해군 함정 탄도 측정 계산기

32 이 중 여성이 발명한 것은 무엇일까?

답 70P

정답

22 ② 김명순   **23** ① 나혜석   **24** ① 차미리사

25 한국사회의 노동조합이 처음으로 자주적이고 민주적인
성격을 띠는 전환점을 만들었다.

26 박정희 정권 종말

27 제주잠녀항쟁

28 〈안사람 의병가〉, 윤희순

29 권기옥, 정정화, 남자현, 윤희순, 김마리아, 박차정, 박자혜,
김순애, 최은희, 김향화, 동풍신, 조신성, 이화림, 양방매,
방순희, 김알렉산드리아, 정칠성, 오광심, 이병희 등 1900여 명

30 한국 최초 여성인권 선언문인 「여권통문」이 발표되었다.

31

메리 앤더슨	멜리타 벤츠	그레이스 호퍼	알렉산더 그레이엄 벨	아스마 이스마일
헤디 라마	사라 제롬	마리반 브리튼 브라운	조세핀 코크런	토머스 에디슨
헤디 라마	헨리타 밴시타트	안나 코넬리	토머스 에디슨	마리온 도노반
스테파니 퀄렉	라이트 형제	마거릿 윌콕스	제임스 와트	마리아 텔크스
에이더 러블레이스	마거릿 나이트	낸시 존슨	거트루드 엘리언	그레이스 호퍼

32 전화기, 전구, 축음기, 비행기, 증기기관을 제외한 전부.

33 22~32번 질문 중 맞힌 답이 있다면, 당신은 그것을 어디서
들었는가?

김명순과 나혜석은 김원주, 윤심덕과 함께 신여성이라
불린다. 여성 최초의 근대소설가로 불리는 김명순이 첫 소설을
발표한 해는 1917년으로, 같은 해에 발표된 소설로는 이광수의
『무정』이 있다. 1920년대 김명순은 거의 매일
언론에 작품을 발표할 정도의 전성기를 맞는다.
1925년 『매일신보』에 입사해서 기자로
활동했고, 1926년 조선통신 중학관에서
낸 『조선시인선집』에 여성 시인으로서
유일하게 작품을 실었다.

김명순

나혜석은 한국 유화를 정착시킨 최초의 전업
화가였으며, 1921년 서울에서 최초의 서양화
개인전을 열어 5천 명의 인파를 모았다. 1918년
발표한 『경희』는 1910년대의 가장 빼어난
소설로 꼽힌다. 19세에 '현모양처는 있는데
왜 현부양부는 없느냐'는 문제의식으로
현모양처론을, 28세에는 모성신화를,
39세에는 여성에게만 강요되는 정조관념을
비판하는 글을 발표했다. 4명의 자녀를
두었는데, 첫딸의 이름은 자신과 남편의 성을
하나씩 따서 김나열(김우영과 나혜석의
기쁨)로 지었다. 3.1운동 당시에는 「독립선언서」를 사전에
입수하여 비밀리에 배포하다 붙잡혀 5개월간 옥살이를 했다.
나혜석이 사망한 시기와 비슷한 무렵에 객사한 이로는 화가
이중섭이 있다.

차미리사는 고등교육보다 보통교육과 직업교육의
중요성을 강조했다. 남녀 가리지 않고 배워야 빼앗긴 나라를
되찾을 수 있고, 경제권을 확보하지 않고는 여성이 제 권리를
찾을 수 없다고 생각했기 때문이다. 그래서 오늘날의 그라민
은행과 같이 여성에게 담보를 받지 않고 자본을 빌려주어야
한다는 주장을 폈다. 또한 그는 당시 교육운동의 대상이

10~20대 여성에 집중되었던 것과는 달리 가정주부에게 주목했다. 미국은 차미리사를 선교사로 키우려 했지만 그는 외부의 개입을 거부하고 스스로의 힘으로 학교를 세우고자 했다. 배화학교의 교사로 있다가 사퇴하여 조선여자 교육회를 창립했다. 90일간 전국을 세 번 돌며 순회강연을 했고, 여자도 배워야 한다고 호소했다. 강연에 참석한 여성들은 저마다 비녀와 반지를 모아 주었다. 여성들이 낸 의연금은 총 630원이었는데, 당시 기와집 한 채가 1000원이 채 되지 않았다고 한다. 또한 기록에 따르면 19세 이정실은 "나는 돈이 없으니 이 저고리라도 기부한다"고 말하며 자신의 저고리를 벗어 내놓았다. 그렇게 여성의 힘으로 세운 유일한 학교가 근화여학교로, 오늘날의 덕성여대다. 실용적인 교육을 중요하게 생각한 차미리사는 근화여학교를 훗날 근화여자실업학교로 바꾸어 여성에게도 사무회계, 건축, 농업을 가르치게 된다. 당시 근화여학교에는 결혼한 여성, 취학 적령기를 놓친 여성이 유독 많았고, 남편에게서 소박을 맞고 서럽고 힘들게 사는 여성이 용기를 내 찾아오는 곳이었기에 '소박데기 여학교'라는 별명이 붙기도 했다. 퇴물이 된 기생이 다니는 학교라는 소문도 있었는데, 이에 대해 차미리사가 『매일신보』에 내놓은 대답은 다음과 같다. "사실 그러할는지 모릅니다. 그야말로 기생퇴물이든

차미리사

매음부든 씨받이이든 어떠한 여자이고 그 자리만을 떠나서 우리 교문을 찾는다면 누구나 환영합니다."[8]

　　동일방직 공장은 일제강점기에 설립된 회사인데, 당시 이름은 동양방적이었다. 초대 이사장은 서정익이다. 1971년 수출 500만 달러를 달성한 국내 5위 규모의 방직공장이었다. 공장의 노동자들은 1946년 노조를 결성했다. 노동자는 총 1383명이었는데, 그중 1214명이 여성이었으나 남성이 노조를 좌지우지할 뿐만 아니라 직원의 복지에 관심이 없는 어용 조합이었다. 그러다 1972년, 처음으로 여성이 위원장이 되었다. 한번 여성 지부장이 출현하니 1974년에는 반도상사 부평공장 지부에서, 또 YH무역지부에서 여성이 지부장으로 당선되었다. 이 배경에는 1966년 10월에 우리나라에서 처음으로 위장취업을 한 조화순 목사가 있었다. 조 목사는 동일방직 공장에 6개월간 위장취업을 했고, 여성노동자들과 돈독한 관계를 유지했다. 당시 이들의 노동 조건은 최악이었다. 10대 후반에서 20대 초반 나이의 여성들이 하루 14시간에서 18시간을 일했다. 30분만 지나면 온몸이 하얗게 덮일 정도로 솜에서 나오는 먼지가 많았고, 폐병에 걸리는 이가 다수였다. 연중 40도를 유지해야 했기에 한겨울에도 얇은 반팔 티셔츠에 짧은 치마를 입고, 기계속도에 맞춰 '1분에 140보' 이상을 걸어야 했다. 찜통 같은 곳에서 운동화를 신고 일하니 무좀과 땀띠는 직업병이었다.

탈수로 기절하는 것을 막기 위해 소금을 먹었다. 야근을 할 때는 각성제인 '타이밍'을 복용하여 졸음을 견뎠다. 조 목사 본인도 노동조합이나 법에 대해 알지 못해서 전문가를 불러 강의를 들으며 해결책을 도모했다. 그리고 주길자 위원장을 비롯해 여성으로만 구성된 노동조합 집행부를 만들었다. 전국에서 처음이었다. 여성 노조는 생지옥이라 불리던 작업 환경을 실제로 바꾸었다. 이전에 없던 월차와 생리 휴가를 얻었고, 식사시간 30분을 확보했으며, 환풍기를 설치했다.

변화가 생기자 회사는 노조를 파괴하고자 했다. 그래서 임금이나 노동 조건이 더 나은 남성 기능공을 앞세워 노조를 분열시키려 들었다. 지부장직을 세 차례 연임한 주길자에 이어 이영숙이 지부장이 되었는데, 그를 경찰이 연행한 틈을 타 고두영이 매수한 대의원만으로 대의원회의가 열렸다. 고두영은 스스로 지부장이 되었다. 이 사태에 항의하기 위해 1976년 7월 23일, 수백 명의 여성 조합원이 모였다. 이들을 해산하게 하려고 경찰이 투입되었다. 여성의 맨몸에는 경찰이 손댈 수 없다는 말을 기억해낸 이들은 스스로 경찰 앞에서 속옷만 남기고 옷을 벗었다. 두려움을 삼키며 수백 명의 여성이 팔짱을 끼고 서로 뭉쳤다. 이것이 훗날 '동일방직 나체시위'라 불린 사건이다. 경찰은 주동자를 내어놓으면 문제 삼지 않겠다고 구슬렸다. 그러나 여공들은 이렇게 외쳤다. "주동자는 없다. 우리 모두가 주동자다." 경찰은 곤봉과 주먹을 휘두르며 여성 노동자를 무차별 연행했다. 이 과정에서 40명이 기절하고 14명이 부상당하고 두 명은 정신병원에 입원했다.

　이 사태를 해결하기 위해 새롭게 이총각을 위원장으로 한 집행부가 구성되고 대의원선거를 준비했다. 선거일로 정해진 1978년 2월 21일은, 노동시인 정명자가 남긴 시에 따르면 "선거 한번 민주적으로 해보자 기대에 부풀었던 날"이었다. 그런데 회사에 매수된 남성 노동자들이 투표장을 기습했다. 대여섯 명의 남성 노동자가 여성 노동자들의 몸에 인분을 퍼붓고 억지로 먹였다. 여성 노동자들은 도망갔지만 남성 노동자는 탈의실과 기숙사까지 쫓아갔다. 경찰은 방조했다. "쌍년아, 이따가 말릴 거야"라는 말을 남길 뿐이었다.[9]

1978년 3월 10일, 서울 장충체육관에서 노동절 기념행사가 전국에 TV로 생중계될 때를 노려, 동일방직 조합원 76명이 기습시위를 했다. "동일방직 문제를 해결하라!", "똥을 먹고 살 수는 없다!", "김영태는 물러가라!"를 비롯한 구호를 외치며 펼침막을 든 모습이 생방송으로 중계되었다. 기념식은 중단됐고 생방송은 끊겼으며, 조합원들은 발길질을 당하며 머리채를 잡혀 끌려 나갔다. 농성은 계속되었고, 이 소식을 전해 들은 이들은 농성장에

동일방직 노동운동

4　기념하지 않으면 잊힌다

담요, 치약, 칫솔, 속옷, 생리대 등을 보내왔다. 1978년 4월 1일, 124명의 여성 노동자는 부당해고를 당했으며 아직 복직되지 못했다.

이 다음해인 1979년 8월 9일에서 11일까지, 여성 노동자 187명이 "배고파 못 살겠다! 먹을 것을 달라!"며 외쳤다. 이들은 모두 가발업체인 YH무역의 노동자였는데, 회사의 일방적 폐업 조치에 항의해 농성을 벌인 것이다. 당시 형사들은 '딸이 위험한 데 가입이 되었다'고 이들의 부모에게 알렸고, 놀란 부모들은 회사까지 찾아와 딸을 끌고 가는 경우가 있었다. 그래서 YH노조 간부인 김경숙은 농성에 들어가기 직전, 글도 제대로 모르는 어머니에게 편지를 보내 이런 사태를 대비했다. 이어 혈서를 써서 자신의 절박함을 알리겠다고 했다.

187명은 일제히 야당인 신민당의 당사를 점거했다. 이들의 평균 나이는 스무 살이었다. 그제야 신문은 석간부터 큰 활자로 사태를 보도한다. 여공들은 마침내 자신들의 억울함이 언론에 보도된 것을 보며 기뻐서 울었다.

8월 11일 새벽, 경찰 1200명이 투입되어 강제 진압 작전에 나섰다. '101호 작전 부대'라는 이름의 이들은 곤봉뿐 아니라 벽돌, 쇠파이프, 의자 등을 휘두르며 김영삼 총재 한 사람만 예외로 하고 YH노조, 신민당 의원, 취재 기자까지 무차별적으로 구타했다. 단 23분 만에 여공들은 끌려 나갔다. 그리고 그 과정에서 김경숙이 사망했다.

경찰은 김경숙이 진압 작전 개시 30분 전 스스로 동맥을 끊고, 건물 4층에서 투신자살했다고 발표하고, 언론은 그대로 보도했다. 그러나 조사 결과, 김경숙의 추락 사망 시각은 작전 이후였고, 동맥을 절단한 흔적도 없었으며, 손등과 후두부에 치명적인 상처가 발견되었다. YH 사건은 1970년대 노동운동의 정점이었다. 이 날의 사건은 1979년 10월 부마항쟁으로 이어졌고, 박정희 유신체제는 10.26사건으로 막을 내린다.

제주잠녀항쟁은 제주도의 해녀가 집결하여 일제의 수탈에 반대한 생존권 투쟁이자, 확고한 신념이 뒷받침한 항일운동이다. 당시 해녀가 채취한 해산물에 대해 극심한 착취가 자행되었고, 이에 궁여지책으로 생긴 해녀조합마저 일제의 이익을 대변하는 조직으로 탈바꿈한 것이 배경이다. 일본 자본가들은 해녀들을 상대로 눈속임을 하거나 해산물을 지정가보다 낮은 가격에 팔도록 강요했고, 해녀들이 이에 반발하자 조합은 지정 가격을 엄수하겠다고 약속했다.

그렇지만 약속은 지켜지지 않았고, 해녀들은 조합 담당자에게 미성년 해녀와 늙은 해녀가 육지에 갈 때는 증명서 없이도 나갈 수 있게 할 것, 책임을 다하지 못한 조합장은 사임할

제주잠녀항쟁의 해녀

것, 강제적 조합비 징수로 해녀를 괴롭히지 말 것 등의 조항이 담긴 진정서를 제출했다. 그러나 조합 측에서는 대답이 없었다.

1932년 1월 7일, 세화오일장에 300명의 해녀가 모여 책임자를 만나게 해주겠다는 약속을 받아냈으나 지켜지지 않았다. 결국 5일 뒤에는 세화, 종달, 오조, 연평, 시흥에서 모인 해녀들이 해녀복을 입고 집결했다. "너희가 총칼로 대항하면 우리는 죽음으로 대항하겠다"고 외치며 호미와 전복 따는 쇠갈고리인 빗창을 휘둘렀다. 이 날의 시위는 현기영의 소설 『바람 타는 섬』에 담겨 있다. 책임자는 요구 조건을 최대한 들어주겠다며 피신했다. 당시의 요구 사항에는 일제 앞잡이의 사임, 미성년과 40세 이상 해녀의 조합비 면제, 조합 재정 공개 등이 포함되어 있었다.

이후 일제가 수십 명의 해녀를 구속하자, 구좌에서 500명의 해녀가 당직 순사의 모자와 옷을 찢고 상처를 입히며 검거에 항의한 뒤 우도로 피신했다. 경찰이 이 중 30인을 체포하고 배에 태우려 했다. 순식간에 모여든 해녀 800인이 검거에 항의했다. 1931년 6월부터 1932년 1월까지 총 238회의 집회와 시위가 일어났다. 5인의 해녀 대표는 고문을 당하면서도 자신이 주모자이니 다른 이들을 석방하라고 요구했다. 대표인 부춘화, 김옥련, 부덕량, 고차동, 김계석의 당시 나이는 10대 후반에서 20대 중반이었다.

윤희순은 앞서 문제 28번에서 소개한 노래를 비롯해
'의병군가', '병정가' 등을 지어 여성의 독립운동을 독려했다.
을미의병 때 '왜놈 대장 보거라'라는 격문을 보냈고, 춘천 지역
부녀자 76명으로부터 군자금을 모금했다. 의병에게 밥을
지어주고 옷을 기워주는 돌봄노동을 제공함으로써 의병의
생존을 보장했다.

이것만으로도 긴요한 역할이었으나, 윤희순의 행적은
여기서 그치지 않는다. 30명의 부녀자를 모아 '안사람 의병단'을
조직해 남장을 한 채로 정보 수집에 나섰고, 군사 활동, 병기
제작, 화약 제조를 하며 항일운동을 펼쳤다. 이어서 그는 1912년
노학당이라는 분교를 설립해 항일운동가를 양성한다. 일제가
노학당을 폐교하자 조선독립단을 조직해 투쟁을 이어갔다.
이 과정에서 윤희순은 일제의 눈을 피해 여러 번 옮겨 다녀야
했는데, 1934년 일본군이 집과 마을을 불사르자 만주 해성현
묘관둔으로 이주한다. 윤희순은 이곳에서 이방인 자신에게 살
곳과 먹을 것을 제공해준 마을 사람들에게 보답하고자 이들에게
벼농사를 가르쳤다.

큰아들이 체포되어 감옥에서 고문을 받다 사망하자 윤희순
의사도 곡기를 끊어 숨졌다. 마을 사람들은 윤희순의 묘를
만들었고, 당시 친하게 지냈던 한족 부부인 갈복순, 장영방의
유언으로 현재 손주 부부가 윤희순의 묘를 돌보고 있다.
유해는 1994년 춘천으로 이장되어 현재는 묘만 남아 있는데,

기념비에는 윤희순과 연대한 이들의 이름이 새겨져 있다.

1898년 9월 1일에 벌어진 사건은 유별났다. 『황성신문』은 "하도 놀랍고 신기하여" 9월 9일자 신문에 논설을 빼고 별보로 이 사건을 다루었고, 『제국신문』도 "진실로 희한한 일"이라 평가했다. 『독립신문』도 마찬가지였다. 바로 이날, 「여권통문」이라고도 불리는 「여학교 설시 통문」이 발표되었기 때문이다. 이는 한국 최초의 여성 인권선언문으로, 민족 사업에 참여할 권리, 직업을 가질 권리, 남성과 동등하게 교육받을 권리를 주장하며 여학교 설립을 촉구했다. 이에 『제국신문』은 "우리나라 부인들이 이런 말을 하며 이런 일을 할 생각을 하다니 진실로 희한한 일"이라 평가했다. 『독립신문』은 통문의 전문을 싣고 이들의 활동을 지지했다. 통문을 주도한 이들에 대해서는 명문가의 북촌 고관 부인들이었다는 사실 말고는 알려지지 않았다.

여학교 설립운동에 참여한 이들은 새로 설치될 여학교 이름을 순성여학교로 짓고, 뜻을 함께하는 여성들이 자본금을 내기로 결정했다. 또한, 찬양회라고 불리는 한국 최초의 여성단체, '여학교설시찬양회'를 세워서 활동했다. 가입비를 내면 누구나 가입할 수 있었고 회원 수는 약 400여 명이었다. 순성여학교의 교장은 찬양회 부회장이던 양현당 김씨가 맡았다. 당시 언론은 여학교 설립운동을 적극적으로 지지했으며 독립협회도 도왔다. 언제나 그렇듯, 이들을 두고 화려한 옷을

입고 다닌다는 논란이 일었으며 찬양회의 홍보기관을 자처한
『제국신문』은 '암신문'이라고 불렸다.

그러나 찬양회는 이에 개의치 않고, 호응에 힘입어
관립여학교 설립운동에 나섰다. 토론회나 연설회, 정기 집회를
열었다. 직접 대궐로 나아가 상소를 올리기도 했다. 1898년
10월 11일 올린 상소문에는 이외에도 장옷을 쓰지 않고, 가마를
타지 않게 해달라는 내용도 포함되어 있었다. 고종 황제는
이에 찬성했고, 찬양회 회원들은 기뻐서 노래를 지어 불렀다.
처음으로 여학교가 생긴다는 내용의 노래였다. 1899년 고종의
지시로 정부 예산에 여학교 예산이 포함되었다. 찬양회는
7~13세 여아 50명을 뽑아 오늘의 종로5가 부근에서 직접
교육을 시작했다. 여자 아이들에게도 천자문을 가르쳤다.

그러나 1900년, 국가 재정이 부족하다는 이유로 여학교
설치가 미뤄지고 예산안이 부결되었다. 찬양회 부회장이자
순성여학교 교장을 맡았던 양현당 김씨가 정부에 여러 차례
청원했으나 성사되지 못했다. 1903년 양현당 김씨는 사망했고
자현당 이씨가 교장직을 이어받아 유지해보려 했으나 결국
재정적인 어려움으로 학교는 문을 닫았다. 1905년 12월 24일
『대한매일신보』에 실린 교장 자현당 이씨가 교장직을
사퇴한다는 광고를 끝으로 순성학교의 자취는 더 이상 나타나지
않는다.

「여권통문」이 발표되었던 시기는 남녀칠세부동석은

물론이고 칠거지악이 여전히 통용되던 때였다. 아들을 못
낳았다, 시부모에게 순종하지 않는다, 음탕하다, 질투가 많다,
병을 앓는다, 말이 많다, 도둑질을 했다는 이유로 남편이 아내를
합당하게 쫓아낼 수 있었던 것이다. 여성의 미덕은 집 밖에
나서지 않는 것이었다. 여성이 배운다는 것은 위험한 일로
여겨졌다.

　　그러나 동시에 1896년『독립신문』논설에 실려 있듯,
이 시기는 조혼 금지, 기생제도 폐지, 축첩제 폐지, 여학교
설립 주장이 서서히 대두되던 때였다. 미국 선교사가 한국
최초의 여성 기관인 이화학당을 설립하여 주로 고아나 기생을
데려다 가르치기 시작한 건 그보다 10년 전인 1886년이다.
이와 같은 흐름에 힘입어 여권통문이 발표되었고, 순성학교가
생겼다가 자금난으로 사라지고, 부인회가 생기고, 1908년 2월
'고등여학교령시행규칙'이 반포되었으며, 같은 해 5월 관립
한성고등여학교가 설립되었다.

　　국가는 여성을 남성과 동등한 교육 대상으로 고려하지
않았다. 교육을 실시한 뒤에도 여성에게는 베 짜는 법, 살림하는
법, 부녀자로서의 미덕을 지키는 법, 시가에 잘하는 법을
가르치곤 했다. 이화학당이 처음 생겼을 당시 딸을 집 밖에
내놓는다는 것이 많은 이에게 낯설고 불편하게 여겨졌기 때문에
학교 측이 사람들을 끊임없이 설득해야 했다. 그리고 1920년대
초 여학생의 수는 5만 명으로 늘어났고, 증가율은 계속 커졌다.

오늘날 우리에게는, 여성이 교육받는 일 자체는 당연하다. 그러나 조금만 이전 시대로 가보아도 여성은 교육 대상으로 고려되지조차 않았다. 여성이 직접 선언문을 게재하고, 요구하고, 실패하고, 또 요구하고, 어느 단체는 망하고, 또 다른 단체가 생겨나고, 누군가 전국을 돌며 순회강연을 하고, 호소하고, 모금을 했다. 시대와 맞물려 요구가 조금 더 관철되고, 때로 좌절되는 과정을 겪으며 여기까지 온 것이다. 그러나 이 역사는 자주 생략되어 우리는 마치 처음부터 모두에게 교육받을 권리가 있었던 양 착각하게 된다.

이 수많은 이야기를 있게 한 여성들은, 여성이기 때문에 받는 제약에서 약간 비껴나 있던 경우가 많았다. 이태영의 어머니는 여자도 배워야 한다며 자녀에게 동등한 교육을 받게 했다. 이태영은 사법고시를 볼 수 있었고, 남편 역시 아내를 지지했다. 차미리사는 일찍 남편을 여의었으며 아버지에게 "누구나 쓸쓸하고 외롭다. 남에게 의지하지 말고 완전히 독립하여 살아라"라는 가르침을 들었다.[10] 나혜석은 시집살이를 하지 않겠다는 계약을 하고서 남편과 결혼했으며 아이를 시어머니에게 맡기고 유럽으로 유학을 다녀왔다. 『제2의 성』을 쓴 시몬 드 보부아르도 자신이 남성과 동등한 교육을 받아서 소르본 대학에 입학했고 대학 내에서 남성과 동등한 지적 주체로 대우받았으며, 아이를 갖지 않기로 선택했기에, 당대의 다른 여성처럼 가정에 종속되지 않아 40대에 접어들어 『제2의 성』을 쓸 수 있었다. 그녀는 이 책을 쓰면서 비로소 자신이 여성으로서 어떤 상황에 놓여 있는지 제대로 인식할 수 있었다고 말했다. 버지니아 울프는 반대의 경우다. 20세기 문학의 대표적인 모더니스트이자 페미니즘 문학의 선구자로 꼽히는 이 작가는 40대가 되어서야 "딸은 자라서 집안의 천사가 되어야 한다"는 어머니의 말로부터 벗어날 수 있었고, 그러고 나서 소설가로 데뷔했다.

　　물론 더욱 많은 이가 여성의 의무라는 굴레에 갇혀 있었다. 항일운동에 참여한 여성들은 항일운동을 하면서도 집에 돌아와서는 어머니이자 아내로서 가사를 도맡아야 했다. 프랑스 여성 발명가 가운데 과부가 되고 나서 특허를 내는 이의 비율이 높다는 사실은 무엇을 시사하는가?

　　이토록 많은 관문을 넘었음에도, 여성이 이룬 성취는 오직 여성의 성취라는 이유만으로 오롯이 인정받기까지 또 한 번 높은 문턱을 넘어야 한다. 제주잠녀항쟁은 3대 항일투쟁 중 하나임에도, 여성들의 자주적인 항쟁이라는 이유 때문에 '감정적인 판단으로 항쟁을 주도했다'는 평가를 받아야 했다. 동일방직 노동자는 남편에게 빨갱이라며 맞아야 했다. 1979년 8월 14일 문화방송에 출연한 김영태 노총위원장은 동일방직 해고자들을 가리켜 "여자이면서도 치부를 예사로 노출하고, 면도칼을 가슴에 갖고 다니며 자해 행위를 하겠다고 위협하는 등 불순한 세력이며, 똥과 독침을 휴대하고 다니는 악질적인 인물들"이라고 발언했다.[11] 여기서 말하는 독침이란, 똥물사건 1주기를 기념하여 이들이 맞춘 은반지를 말한다. 이나마도 연극, 합창단, 탈춤 등으로 준비한 기념 행사가 경찰의 봉쇄로 무산되어 기념물로 대신한 것이었다.

　본문에서 다루지 않은 또 다른 예도 있다. 1962년 출간된 레이철 카슨의 『침묵의 봄』은 20세기에 가장 영향력이 컸던 책이라 불린다. 처음으로 환경오염의 위험성을 경고했기 때문이다. 지금의 우리에게는 익숙한 환경 보호라는 개념이 이때 생겨났다. 카슨의 저서는 지구의 날을 만들었고, 리우 선언을 이끌어냈다. 그러나 출간 당시에는 남성 과학자의 저작이라면 거치지 않아도 되었을 시험대에 올라야 했다. 카슨의 책을 향한 비판은 기업과 정부의 정책에 배치되는 목소리를 냈을 때 으레 따라오는 음모론이나 비난과는 달랐다. 언론은 카슨이 결혼하지 않은 이유를 파고들었고, 그의 문제의식을 미혼 여성의 히스테리로 폄하했다. 비과학적이고 편파적이라는 비난마저 있었다. 그러나 레이철 카슨은 과학계를 무작정 감싸던 당시의 온정주의에 처음으로 엄격하고 객관적인 잣대를 들이댄 과학자였다. 환경오염이라는 거대한 문제를 전 세계적으로 처음 인식하게 만든 학자조차 비전문적, 비이성적이라는 평가를 피할 수 없었다면, 얼마나 많은 여성의 다른 많은 성취가 업적으로 인정받지 못한 채 지워졌을까. 영영 알 수 없도록 지워져버린 여성들의 성취를 기억하는 이는 이제 없다. 지금 와서 아무리 머리를 짜낸다 해도 우리는 결코 알 수 없을 것이다.

　　간신히 자신의 성취를 후세에 남겼다고 하더라도, 그것을 기록으로 남겨 전하기란 또 쉽지가 않다. 여성의 기록은 대체로 우연히 연이 닿은 누군가가 남겨준다. 한국여성독립운동연구소가 생겨난 것도 심옥주 소장이 TV를 보다가 윤희순 의사의 존재를 우연히 알게 되었기 때문이다. 차미리사가 조명된 것도 한상권 교수가 해직된 동료 교수의 복직운동을 주도하다 재임용에서 탈락되고, 자신이 몸담은 덕성여대의 기원을 뒤늦게 알았기 때문이었다. 안경신은 임신한 몸으로 평남도청에 폭탄을 던졌지만 출옥 후 어떤 인생을 살았는지는 알려지지 않았다. 여권통문은 한국 최초의 여성 인권 선언문임에도 1970년대에야 발굴되었다. 동일방직 여공의 유명한 사진은 오물을 맞은 당사자가 평소 친하게 지내던 사진관에 입에 오물이 들어간 채로 곧장 달려갔기 때문에 남을 수 있었다. 그는 즉시 사진으로 남기지 않으면 잊히리라 생각했다. 생각한 대로다. 해고노동자는 여전히 복직되지 못한 채 투쟁을 계속하고, 동일방직 공장에는 창업주 서정익의 동상만이 남아 있다.

　　기록으로 남긴 이들이 한결같이 덧붙이는 말이 있다. 이제는 그동안 과소평가된 여성의 업적을 재조명해야 할 때라는 것이다. 자신들도 하마터면 지나쳐버릴 뻔한 인물의 부활을 저마다 간절히 바란다. 그러나 이들이 이 정도나마 알려진 것도 아주 최근이다. 차미리사가 독립유공자로 인정되고 건국훈장 애족장을 받은 해는 2002년이었다. 제주잠녀항쟁의 주요 인물이 훈장을 받은 시기도 비슷한 무렵인 2003년과 2005년이었으며 김계석, 고차동은 아직 선정되지 못했다. 이를 다룬 『한겨레』 이유진 기자의 기사를 그대로 인용하면, 3.1운동에 적지 않은 영향을 끼친 「대한독립여자선언서」(1919. 2)에 서명한 여성 8명 중 김숙경을 제외하고 나머지는 독립유공자에 추서되지 못했다. YH노조 간부였던 김경숙의 사망 원인이 조작이었다는 사실이 밝혀진 해는 2008년이었다.

여성의 성취가 운 좋게 기록으로 남는 데까지 성공했다 해도, 그 기록은 빛이 들지 않는 구석자리, 혹은 책장 맨 위칸처럼 손 닿기 어려운 데 놓인다. 외국에서는 간간이 소개되는 여성 발명가의 이름을 한글로 검색하면 결과가 거의 나오지 않는다. 1970년대 노동운동을 핵심적으로 요약하는 두 사건인 전태일 분신 사건과 YH사건은 결코 동일하게 다루어지지 않았다. 김경숙이 동생을 키워야 해서 초등학교에 들어가지 못했다가, 동생이 굶주림으로 죽자 학교에 가게 되어 슬픔과 기쁨을 동시에 느꼈다는 대목은 분명 어딘가에 글로 남겨져 있다. 남동생을 가르치려고 누나인 김경숙이 중학교에 가는 대신 6학년 겨울방학 때부터 공장에 들어갔다는 이야기도 기록되어 있다. 하지만 이 기록들은 많은 사람이 '자세히 설명할 수는 없어도 언젠가 들어본 적 있는 기억'이 되지는 못했다.

또한 기록으로 남겨진 여성이 소비되는 방식은 업적과 관계없이 한결같다. 가부장제를 거부하고 자유연애를 주장했던 나혜석, 김명순, 김원주에 대해 말할 때는 그들의 사생활이, 오늘날의 와이파이와 GPS기술을 가능케 한 무선 통신기술을 발명해낸 헤디 라마는 세기의 미인이라는 점이 우선 부각된다. 100년이 지나서야 이름이 세상에 알려진 최초의 컴퓨터 프로그래머 에이더 러블레이스를 소개하는 나무위키 페이지에는 "선천적으로 병약했으나 이 때문에 인기가 많았다"는 설명에 이어 '구음절맥'이라는 단어가 취소선과 함께 쓰여 있는데, 이 단어는 양기가 부족한 여성이 성관계로 이를 치료한다는 설정의 가상 질병이다. 첫 번째 여성 비행 조종사인 권기옥은 '공군의 아줌마'라는 별명으로, 임시정부 요인을 뒷바라지하기도 했지만 사지를 넘나들며 독립운동 자금을 조달한 정정화는 '임시정부의 어머니'라 불린다. '백의의 천사' 나이팅게일이 계량적 통계 분석 방법을 통해 공공보건에 기여한 의료통계학의 선구자였고 또한 레즈비언이었다는 사실은 거의 알려지지 않았다.

그러니 혹시 앞의 거의 모든 문제에 답하지 못했다면, 그래서 페미니스트라고 주장하면서도 역사에 무감했다고 스스로를 반성한다면 그러지 않아도 된다. 여성이라는 이유만으로 잊힐 뻔한 성취를 기어코 후세에 남긴 여성들이 있었다. 그들이 과소평가된 것을 안타까워하며 재조명하려는 누군가의 시도가 있었으니 사라지지 않고 기록으로도 남았다.

그런데도 아무도 기억하지 못한다면 문제가 된다. 기록이 있는데 왜 진작 알아보고자 하지 않았을까 하는 자책은 넣어두고, 앞선 여성의 성취가 놓여야 할 마땅한 자리를 요구해야 한다.

운 좋게 기록으로 남아, 운 좋게 누군가의 눈에 띄지 않았더라면 그대로 묻힐 뻔 했을 이들의 목소리를 옮겨 적어본다.

나는 훌륭한 사람이 되기를 원치 않으며 자유로운 인간이 되길 원한다.

이성을 많이 아는 사람 치고 훌륭한 이가 없다는 김기진의 비난에 대한 김명순의 대답

내 몸이 불꽃으로 타올라 한 줌 재가 될지언정 언젠가 먼 훗날 나의 피와 외침이 이 땅에 뿌려져 우리 후손 여성들은 좀 더 인간다운 삶을 살면서 내 이름을 기억할 것이라.

나혜석 「이혼고백서」 중

종래에는 계집은 아무 사람다운 값이 없이 살아오지 아니하였습니까. 어떤 사람은 말하기를 이것은 여자의 큰 수치라고 하나 나는 말하기를 온 인류의 큰 수치라 하겠습니다. 수레 두 바퀴와 같은 남녀의 관계가 종래와 현재에는 한쪽으로 기울어졌으니까 이것을 바로잡고자 하는

것이 곧 여자 교육의 필요로 생각합니다.

차미리사 기고,『동아일보』1921년 2월 21일 자

내가 옷을 벗다니! 그것도 많은 남자들 앞에서! 그러나 후회는
없었다. 어디서 그런 용기가 나왔는지 끔찍하면서도 놀라울
뿐이다. 부끄러운 걸 따지자면 벗은 우리보다도 무자비한
폭력을 휘두른 그놈들의 몫이어야 한다고 생각했다. 그렇다.
부끄러움은 우리의 것이 아니라 그들의 몫이다.

동일방직 조직부장 김순분의 글

보고 싶은 엄마에게. 내가 거주하고 있는 이곳 YH
무역은 굉장히 큰 회사랍니다. 돈 많은 회장은 미국으로
도망가고 없고 사장들은 자기들만 잘살겠다며 지금 우리
근로자들을 버렸습니다. 회사 문을 닫겠다며 폐업 공고까지
내버렸답니다. 그러나 저희 근로자들은 비록 힘은 약하나
하나같이 똘똘 뭉쳐 투쟁하고 있습니다. 특히 엄마가 꼭
알아두어야 할 것이 하나 있습니다. 그것은 다른 게 아니고
우리 회사의 사장은 수단과 방법을 가리지 않는 나쁜
사람이어서 어떤 일을 꾸밀지 모르니 내 편지가 아니면 그
어떤 편지를 받더라도 믿지 말라는 것입니다.

1979년 8월 7일, 김경숙이 어머니께 보내는 편지 중

전복을 따기 위해 숨을 멈추고 물질하는 것과 같이 조금만

참으면 모든 것을 극복할 수 있다는 믿음으로 어려움을
이겨냈다.

투옥 당시 고문받은 경험을 회고하는 김옥련의 증언

매사는 자신이 알아서 흐르는 시대를 따라 옳은 도리가
무엇인가를 생각하여 살아가길 바란다.

윤희순 「일생록」 중

「여학교 설시 통문」을 좌에 게재하노라. 대저 물이 극하면
반드시 변하고 법이 극하면 반드시 고침은 고금에 상리라.
(…) 문명한 개화 정치로 만개를 총찰하시니 이제 우리
2천만 동포 형제가 성의를 호순하야 전일해태하던 구습은
영영 버리고 각각 개명한 신식을 좇아 행할 새 사사이
취서되야 일신우일신함은 영영한 소아라도 저마다 아는
배여날 어찌하야 우리 여인들은 일향 귀 먹고 눈 어두운
병신 모양으로 구규만 지키고 있는지 모를 일이로다. 혹자
신체와 수족과 이목이 남녀가 다름이 있는가. 어찌하야
병신 모양으로 사나이의 벌어주는 것만 먹고 평생을 심규에
처하랴 그 절제만 받으리요. 이왕에 먼저 문명개화한 나라를
보면 남녀가 일반 사람이라 어려서부터 각각 학교에 다니며
각항 재주를 다 배우고 이목을 넓혀 장성한 후에 사나이와
부부지의를 정하야 평생을 살더라도 그 사나이의 일호
절제를 받지 아니하고 돌이켜 극히 공경함을 받음은 다름
아니라 (…) 어찌 아름답지 아니하리요. 슬프다 돌이켜 전일을

생각하면 사나이의 위력으로 여편네를 누르려고 구설을
빙자하여 여성은 거내이불언외하며 유주식시의라 하니
어찌하여 신체수족이목이 남성과 다름없는 한가지 사람으로
심규에 처하여 다만 밥과 술이나 지으리오. (…) 우리도
혁구종신하여 타국과 같이 여학교를 설시하고 각각 여아들을
보내어 각항 재주와 규칙과 행세하는 도리를 배워 일후에
남녀가 일반사람이 되게 할 차 방장 여학교를 설시하오니
유지한 우리 동포 형제 여러 부녀 중 영웅호걸 님네들은 각각
분발할 마음을 내어 우리 학교 회원에 드시려 하시거든 꼭
착명하시기를 바라옵나이다.

대한 광무 이년 구월 일일 통문고표인 리소사 김소사, 『독립신문』,
1898년 9월 9일 자

- -

34 만약 과거 여성의 뜻, 운동, 성취에 관한 기록이 하나도 남아
있지 않다면, 당신의 삶은 지금과 어떻게 달라질까?

- -

더 알아보기 1

- 앞서 제시한 발명가 표 속 여성들의 이름을 검색하여, 이들이 우리 사회에서 어떻게 소개되고 있는지 직접 찾아보자.

- 다음은 앞서 언급한 이들처럼 재평가 시도에도 불구하고 우리의 기억에 남지 않은 인물이다. 어떤 성취를 남겼는지 각자 알아보자.

고명자 주세죽 허정숙 김원주

권기옥 김필례 황에스더 송미령

고수선 윤심덕 강관순 김명시

더 알아보기 2

- 이미 알던 것과 새로 알게 된 것을 모아, 현재 여성이
  과거의 어떠한 성취를 딛고 서 있는지 계단을 채워보자.

- 계단이 더 많은 내용으로 채워질 수 있도록 직접 찾아서
  추가해보자.

현재

호주제 폐지

「여권통문」 게시

참고할 거리

책

『숨겨진 한국 여성의 역사』, 박수정 지음, 아름다운사람들, 2004

『한국 여성사 깊이 읽기』, 권순형 외 지음, 푸른역사, 2013

『한국 근대 여성 63인의 초상』, 김경일 외 지음, 한국학중앙연구원, 2015

『조선의 딸, 총을 들다』, 정운현 지음, 인문서원, 2016

『날개옷을 찾아서』, 정혜주 지음, 하늘자연, 2015

『장강일기』, 정정화 지음, 학민사, 1998

『통일의 길, 한국여성독립운동에서 찾다』, 이배용 외 지음,
    한국여성독립운동연구소, 2015

『못(母)된 감상기, 나혜석』, 이영미 지음, 북페리타. 2014

『몇번을 지더라도 나는 녹슬지 않아』, 가와타 후미코 지음, 안해룡·김해경 옮김,
    바다출판사, 2016

『윤희순 평전』, 심옥주 지음, 정언, 2009

『낮추고 사는 즐거움』, 조화순 지음, 도솔, 2005

시 〈잊지 못할 1978년 2월 21일〉 시집 『동지여 가슴 맞대고』, 정명자 지음,
    풀빛, 1985

영화

이혜란 감독 〈우리들은 정의파다〉, 2006

영상물

KBS 인물 현대사 〈여공, 유신을 몰아내다〉

연구소·박물관

한국여성독립운동연구소(심옥주 소장)
http://www.krwomen.co.kr

국립여성사전시관
경기도 고양시 덕양구 화중로 104번길 50

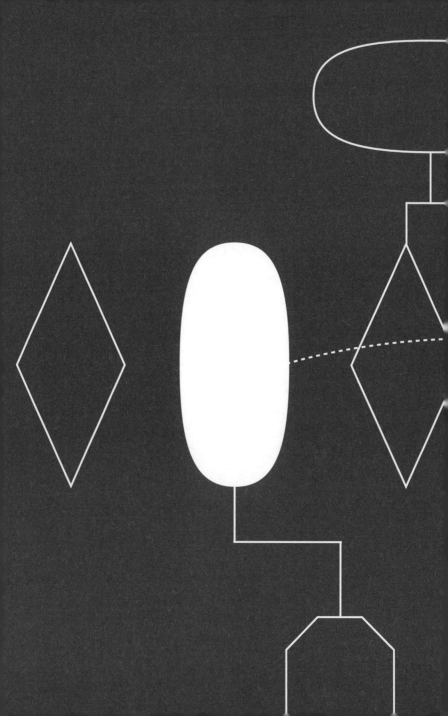

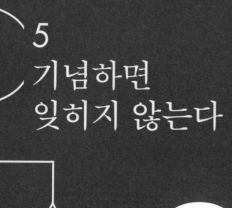

5
기념하면
잊히지 않는다

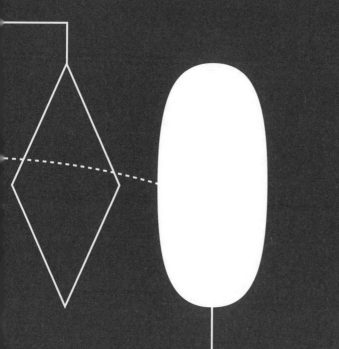

35 각 사건이 발생한 시기를 기억해 적어보자.

(1) 강남역 살인 사건

	년	월	일

(2) "왜 안 만나줘" 광주 빙초산 테러 사건

	년	월	일

(3) 부산 둔기남 사건

(중년 남성이 가로수 지지목으로 여성 행인 2명을 폭행한 사건)

	년	월	일

(4) 가락동 스토킹 살해 사건

	년	월	일

(5) 영화 〈서프러제트〉 상영 도중 관객 폭행 사건

	년	월	일

답 (112P)

5   기념하면 잊히지 않는다

비슷한 시기에 일어난 사건들이지만 나는 강남역 살인 사건의 날짜만을 기억할 수 있다. 그리고 앞으로도 여간해서는 그 날짜를 잊으려야 잊을 수 없을 것이다. 그리고 해마다 같은 날이 되면 추모하고 싶은 마음이 들 것이다. 내게 강렬한 기억으로 남은 사건이기 때문이다. 나처럼 강남역 살인 사건을 기억하고 싶어하는 이들이 많을 것이기에, 해마다 그들과 뜻을 모을 수도 있으리라.

그러나 앞서 말했듯, 사건이 잔혹하다고 해서 반드시 제대로 기억되는 것은 아니다. 더 잔혹한 사건이야 여태껏 얼마든지 있었다. 특정한 사건을 특별한 기억으로 남겨두려면 별도의 절차가 필요하다. 복잡할 것은 없다. 사건에 이름을 붙이고, 기념하고, 이를 계속 반복하면 되는 것이다. 어떤 사건을 그냥 흘러 보내지 않고 기념하면 쉽사리 잊히지 않는 기억으로 남는다. 기념하는 절차를 만들어두고 해마다 반복하면, 잊힐 만할 때마다 기억을 제자리로 불러와 공고하게 다질 수 있다.

이렇게 기념하는 일을 이어가면 이미 사건을 아는 이들이 잊지 않는다는 것 말고도 좋은 점이 하나 더 있다. 사건을 직접 경험하지 않은 이들이 기억을 나누어 가질 수 있다는 점이다. 함께 기념함으로써 모두의 것이 된 기억은 힘이 세다. 그런데 내 경우, 강남역 살인 사건 이전에는 여성의 날 정도를 제외하면 한국 사회에서 여성이라서 겪은 비극이나 여성으로서 이뤄낸 승리를 기리는 날이 마땅히 없었다. 그렇다면 다른 곳에서는 어떨까?

36 다음은 세계의 여성운동과 관련된 사건이나 기념일이다.
각각에 대해 아는 대로 적어보자.

(1) **3월 8일**

(2) **10월 24일, 아이슬란드**

5   기념하면 잊히지 않는다

(3) **1989년 12월 6일, 몬트리올**

(4) **8월 13일, 튀니지**

답 (104P) ~ (111P)

3월 8일은 **세계 여성의 날**이다. 여성의 날을 제정하자는 주장은 1910년 코펜하겐에서 열린 제2차 여성노동자대회에서 처음으로 나왔다. 이때, 독일의 노동운동가인 클라라 체트킨이 모든 나라가 같은 날을 여성의 날로 정하여 동시에 권리를 주장하자고 제안했고, 이후 여러 나라에서 따로 또는 함께 여성의 날을 기념하기 시작한다. 클라라 체트킨의 주장이 국제사회에서 공식적으로 받아들여진 해는 그로부터 한참 뒤인 1977년이었다. 유엔이 1975년을 여성의 해로 지정하고, 그로부터 2년 뒤인 1977년에 3월 8일을 세계 여성의 날로 공식 지정했다. 세계 여성의 날은 참정권과 같이 이전까지 존재하지 않았던 권리를 쟁취한 여성의 움직임을 기리는 날이 되었는데, 이 움직임에는 진영도 국경도 존재하지 않는다.

　　1908년, 미국 뉴욕에서 국제여성섬유노동조합 여성 노동자 만오천여 명이 열악한 근로 조건 개선, 남녀동일임금, 투표권 등을 요구하는 행진을 했다. 1910년 클라라 체트킨이 제안한 바에 따라 1911년 3월 19일, 덴마크, 독일, 스위스, 오스트리아에서 처음으로 '세계 여성의 날'을 기념하며 차별 철폐를 외쳤다.

　　1911년 3월 25일 뉴욕 맨해튼에 소재한 트라이앵글 셔츠웨이스트 공장에서 화재 사건이 발생한다. 146명이 사망했고 71명이 부상당한 미국 최악의 산업재해였다. 이 봉제공장에서 근무하던 이들 대부분이 13세에서 23세 사이의 이민자 여성이었으며 500여 명 중 146명이 15분 만에 숨졌다. 출구는 노동자를 단속하던 기업주가 잠근 채였고, 화재용 비상구는 무너져 내렸다. 트라이앵글 공장은 섬유노조 총파업의 중심에 있었지만 고용주의 강경한 반대로 노조를 결성하지 못하고 무산된 곳이었다.

러시아 여성들이 1917년 2월 23일에 모여 진행한 시위가 어떤 결과로 이어졌는지는 우리나라 노동운동의 정점에 여성이 있었다는 사실만큼이나 알려지지 않은 듯하다. 제1차 세계대전으로 인한 식량난으로 고생하던 여성들은 결국 러시아 수도에 모여 빵과 평화를 외쳤다. 전쟁으로 희생된 그들의 남편들을 위해 나선 것이기도 했다. 그 결과 황제 니콜라이 2세가 퇴위했다. 이것이 우리가 한 번쯤은 들어본, 2월 혁명이다. 러시아가 채택한 율리우스력의 2월 23일은 우리가 쓰는 그레고리력으로는 3월 8일이다. 러시아 제정 몰락을 불러온 이 움직임은 이후의 10월 혁명에도 큰 공헌을 했다고 전해진다. 그러나 2월 혁명이 여성의 혁명임을 아는 이는 드물다.

여성의 날은 유엔 공식 기념일로 지정되기까지도 오랜 시간이 걸렸지만 사실 그 기원도 제대로 전해지지 않는다. 한동안 1857년 미국 섬유노동자 시위가 기원이라고 알려져 있었으나, 그것이 1955년 3월 13일에 처음 언급되었고 사실 관련 기록이 없었다는 연구 결과가 밝혀져 후에 덧붙여진 이야기일 것이라 추측되는 상황이다. 1908년경 뉴욕 섬유노동자의 총파업이 있었지만 그것이 2월 28일이었는지, 3월 8일이었는지는 서로 말이 다르다. 심지어는 1908년에 있었던 시위를 트라이앵글 공장의 화재를 기념하는 것이라고 설명하기도 한다. 트라이앵글 공장 화재는 그로부터 3년 뒤에야 벌어졌다. 기록이 제대로 남아 있는 것은 러시아의 2월 혁명과 트라이앵글 화재 사건인데, 공교롭게도 두 사건에서 중심에 여성이 있었다는 사실은 별로 알려지지 않았다. 진영에 따라 서로 다른 점을 부각하기 때문에 여성의 날이 어디에서 시작된 것인지 알기는 쉽지 않으나, 명확한 사실이 존재한다. 진영을 막론하고 어디에서나 여성의 근로 조건이 남성보다 더 열악했고, 임금은 더 낮았고, 투표권을 가지지 못했으며, 이것에 문제의식을 느낀 여성들이 비슷한 시기에 끊임없이 문제 제기를 했다는 것이다.

　　오늘날 어떤 곳에서는 정치적인 의미가 소거된 채 여성에게 꽃과 사탕 등을 안기는 밸런타인 데이처럼 기념되기도 하지만, 결국 여성의 날은 단 한 번의 사건으로는 설명될 수 없는 보편적인 문제를 각자의 자리에서 이겨냈던 여성을 기리는 날로 자리매김하는 데 성공했다. 많은 이는 자신이 끝내 갖지 못할 수도 있었던 권리를 얻게 되었음을 축하하고, 앞선 이들을 기억하고, 여전히 어떤 문제가 남아 있는지 고민한다. 그 결과, 적어도 3월 8일이 여성의 날이라는 사실은 보편적으로 받아들여지게 되었다. 클라라 체트킨 역시 잊힌 지 오래지만, 그래도 그가 태어난 라이프치히 근처의 작은 마을이 가장 붐비는 날은 여전히 3월 8일이라고 한다.

  아이슬란드가 2008년 금융 위기를 겪어 주요 은행이 하나
빼고 파산했으나, 이를 몇 년 만에 기적적으로 극복해냈다는
이야기는 제법 잘 알려져 있다. 아이슬란드는 경제 위기에 빠진
국가가 흔히 취하지 않는 노선을 택했다. 은행가에게 선처를
베풀거나 구제금융을 준비하는 대신 관련 은행가와 정치가를
엄벌했다. 금융 위기 발생의 책임을 물어 이들을 징역형에 처한
것이다. 그리고 재정지출을 삭감하는 대신 복지 예산을 과감하게
늘렸다. 채무가 국민 1인당 5억 원에 이르렀던 상황에서,
실업수당 지급 기간을 두 배로 연장하고 건강보험 예산을 포함한
보조금 혜택을 강화했다. 그리고 누구나 물고기를 거래할 수
있도록 어업 규제를 풀었다. 잠시 금융업에 뛰어들었던 어부들은
다시 아이슬란드의 오랜 주력 산업으로 돌아온다. 정부의 과감한
결단으로 2013년 아이슬란드는 성장률 2.3퍼센트를 기록하며
단기간에 경제 위기에서 벗어난다.
  아이슬란드는 의원내각제를 채택하여 대통령이 있지만
실권은 총리에게 있다. 사실 금융 위기 발생 직후, 당시 부임 중이던
게이르 하르데 총리는 은행 부채를 국민들더러 분담하라고
요구했다가 국민들의 반발로 즉시 사임했다. 당시 국민들이
냄비와 프라이팬을 들고 행진하여 프라이팬 혁명이라 이름
붙여진 사건과, 총리 사임 이후 대통령이 해결 방식을 국민투표에

부친 결과 93퍼센트가 국민의 돈으로 부채를 상환하는 데
반대했다는 사실 역시 아주 유명하지는 않지만 곧잘 회자한다.
그러나 거의 알려지지 않은 사실이 있다. 사임한 총리의 뒤를
이어 경제 위기 극복에 성공한 총리와, 유일하게 파산하지 않았던
은행의 두 최고경영자가 모두 여성이었다는 점이다.

　　아이슬란드에서 여성이 고위직을 맡는 것은 놀라운
일이 아니다. 게이르 하르데 총리에 이어 부임한 요한나
시귀르다르도티르는 아이슬란드 첫 여성 총리인 동시에 세계
최초로 레즈비언임을 공개 선언한 총리이기도 하다. 오늘날
여성의원 비율은 44퍼센트로 세계 평균의 2배다. 또한 직장 내
남성 중 90퍼센트가 육아휴직을 한다. 그러나 아이슬란드가
처음부터 이렇게 평등한 국가였던 건 당연히 아니다. 다른
나라와 마찬가지로 남녀 간 임금 불평등 문제가 심각했고,
가정주부의 노동 가치가 인정받지 못했다. 아이슬란드 여성들은
이에 분노했고, 변화를 일으켰다. 이 변화에 아주 중요했던 날로
여겨지는 하루가 바로 1975년 10월 24일이다.

　　아이슬란드 내 여성단체는 유엔이 1975년을 여성의 해로
지정한 것을 기념할 만한 행사를 기획했다. 급진주의 여성단체인
레드 스타킹이 파업을 제안했다. 여성이 수행해야 하는 역할,
낮은 임금, 부당한 대우를 강력하게 알리려는 목적이었다. 이에
아이슬란드 여성 90퍼센트가 동참했다. 대부분의 여성이 직장과
가정에서 일손을 놓은 것이다. 아이들을 남겨두고 아예 거리로

나서버리기도 했다. 아이들이 학교에 가지 못한 것은 물론, 어느
일 하나 제대로 굴러가지 않았다. **파업한 여성 중 3만여 명이
거리로 나섰다.** 당시 아이슬란드 인구가 22만 명이 채 되지 않을
때였다. 연령과 계층을 불문하고 여성들이 한자리에 모여 노래를
부르고 연설을 했다. 파업한 이들은 해방감을 맛보았고, 파업에
동참하지 않은 이들의 마음 속에도 질문이 차 올랐다. '내 일이 덜
고된 것도 아닌데 왜 남성이 더 높은 임금을 가져가지?'

그리고 사회의 인식이 바뀌었다. 5년 뒤인 1980년,
아이슬란드에서 비그디스 핀보가도티르가 세계 최초로
직접선거를 통해 당선된 여성 대통령의 칭호를 얻는다. 당선자는
당시 7세 아이를 키우던 싱글맘이었으며, 이후 16년간 부임했다.
이 날 있던 첫 파업이 여성 대통령을 만들어낸 초석이라는 데에는
비그디스 본인도 동의하며 다음과 같이 말했다. "10월 24일
이후에, 여성들은 이제 여성 대통령이 나올 때라고 생각했다.
당시 나는 내게 향하던 도전을 받아들였다."[12]

아이슬란드 여성은 첫 여성 파업의 정신을 이어가기 위하여
여전히 1년에 하루는 일손을 놓는다. 2010년, 여전히 남아 있는
임금격차를 비롯한 문제에 대항하기 위해 또다시 시위가 열렸다.
이 날 거리로 나선 여성의 수는 5만 명으로, 아이슬란드 총
여성인구 3분의 1에 해당한다. 엄마에서 딸로, 아이이던 나에서
어른인 나로, 여성 파업은 끊임없이 기억된다.

1989년 12월 6일은 **캐나다 역사상 최악의 총기난사 사건**이 벌어졌던 날이다. 총과 칼로 무장한 남성이 몬트리올 공과대학에 침입하여, '페미니스트를 증오한다'고 말하며 14명의 여성을 무참하게 살해하고 자신도 목숨을 끊었다. 많은 이가 충격에 빠졌으며, 희생자를 추모했다. 그러나 추모에만 그친 것은 아니었다. 세계 여성활동가 23인이 12월 6일을 전후로 해 11월 25일부터 12월 10일까지를 여성폭력추방주간으로 정하고, 폭력 종식을 위해 활동했다. 본 사건의 희생자가 단지 여성이라는 이유 때문에 죽었다는 데 문제 제기한 이들은 여성만이 아니었다. 2주기 추모식 때부터, 남성들이 모여 화이트리본 운동을 전개했다. 여성을 향한 남성의 폭력에 스스로 문제의식을 표하며 남성들이 가슴에 하얀 리본을 달고 움직인 것이다. 캐나다 정부는 12월 6일을 여성폭력을 기억하고 행동하는 날로 선언했고, 이어 1999년 유엔이 11월 25일을 세계여성폭력 추방의 날로 지정했다. 화이트리본 운동은 세계로 번졌으며 2003년 한국에까지 닿았다. 당시 50여 개의 한국 내 남성단체가 '하얀리본달기운동'으로 폭력 근절에 동참했다. 캐나다에서 벌어진 사건을 시작으로, 11월 25일부터 2주간 전 세계 사람들은 흰 리본을 달며 그저 여성이라는 이유로 희생되어야 했던 이들을 추모하게 되었다.

　　사건이 있고 25년이 지났지만 캐나다에서는 공유된 기억이 흐려지는 것을 염려해 이 시기가 될 때면 특집 기사를 싣는다.

사건 당시의 보도를 재구성해 범인의 행적을 따라가며 범인이 몇 시 몇 분에 어디에서 어디로 이동했는지, 누구에게 총을 쏘았는지 자세히 다룬다. 사건의 목격자와 인터뷰를 진행하는 라디오 프로그램도 마련한다. 희생된 이들이 이미 돌아올 수 없고, 범인은 범행 장소에서 스스로 목숨을 끊었음에도 끝난 일이라 여겨지지 않는다. 오히려 이는 다른 폭력을 막아서는 움직임의 시작점이 되었으며, 성공적으로 다른 사회로 번져나갔다.

튀니지에 대해 당신은 어떤 인상을 갖고 있는가? 튀니지는 북아프리카의 다른 나라와 마찬가지로 이슬람 국가다. 그러나 동시에 주변의 이슬람 국가 중 가장 개방적이며, 여성과 남성의 지위가 동등하다는 주장이 강력하게 지지를 얻는 나라이기도 하다. 가두 시위에 나서서 목소리를 높이는 여성의 모습을 아주 흔히 볼 수 있고, 히잡 착용도 본인의 선택에 달려 있다. 여성의 의회 진출 비율은 2011년 당시 상원 15.3퍼센트, 하원 22.8퍼센트로 한국보다 높았고, 2008년을 기준으로 판사의 27퍼센트, 변호사의 31퍼센트, 기자의 34퍼센트가 여성이었다.[13]

이처럼 튀니지가 아랍권에서 가장 성 평등한 국가라는 평가를 얻게 된 배경에는 지금으로부터 60년 전, 1956년 8월 13일에 '개인의 지위에 대한 법률'이 제정된 사건이 있다. 이 법률로 일부다처제와 강제 이혼이 금지되었고, 당사자 간의 동의가 있을 경우에만 혼인관계를 인정하게 되었다. 피임과 낙태의 권리가 보장되었고, 남편이 더 이상 아내의 고유 재산에 권리를 행사할 수 없게 되었다. 히잡 착용이 개인의 선택 사항이 된 것도 이때부터다. 이 기념비적인 사건 이후 지금까지, 튀니지 여성들은 자신의 목소리를 내는 데 주저함이 없다. 8월 13일은 튀니지 여성의 날로서, 국경일로 제정되었다. 매해 8월 13일이 되면 수많은 이가 거리로 나서서 과거의 성취를 기리는 동시에 현재 남아 있는 문제를 환기한다.

정답

35

(1) 2016.5.17

(2) 2016.6.15

(3) 2016.5.25

(4) 2016.4.19

(5) 2016.6.26

37 여태껏 여성이 이루어온 모든 승리의 기억이 하나도 잊히지 않은 채 우리에게 전해졌더라면, 당신의 오늘은 지금과 다를까? 만약 그렇다면 어떻게 다를까? 상상하여 써보자.

더 알아보기

우리나라에서 여성의 날이 기념일로 정착한 시기는 언제이며,
오늘날 여성의 날을 어떻게 기념하는지 알아보자.

~~~~~~~~~

참고할 거리

영화

마이클 무어 감독 〈다음 침공은 어디? *Where to Invade Next*〉, 2015

드니 빌뇌브 감독 〈폴리테크닉 *Polytechnique*〉, 2009

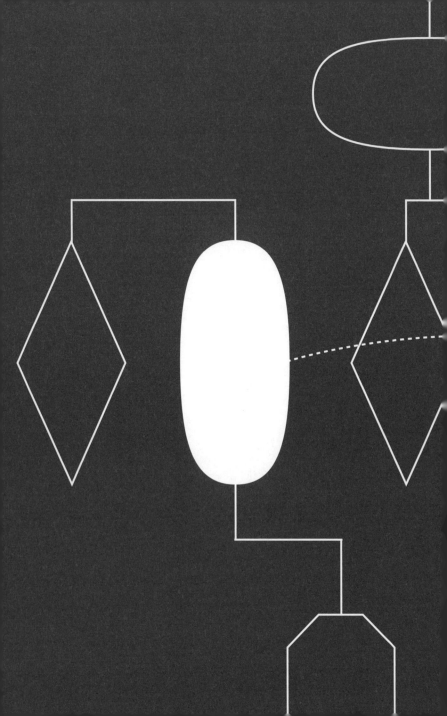

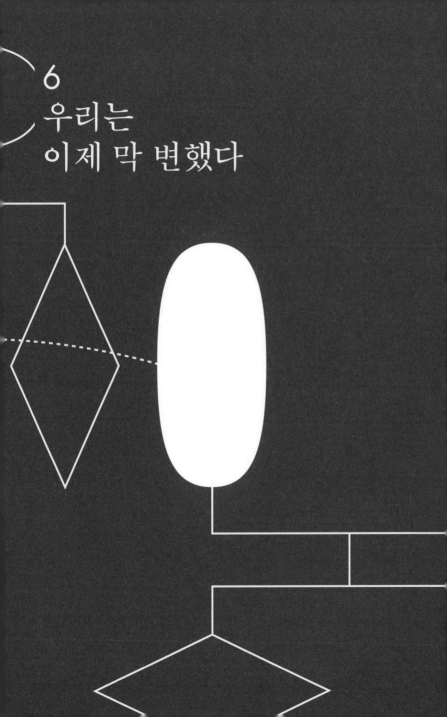

6
우리는
이제 막 변했다

38 당신은 스스로를 페미니스트로 인식하는가? 만약 그렇다면, 언제 페미니스트가 되었는가? 시기와 계기를 적어보자.

6 우리는 이제 막 변했다

39 페미니즘은 당신을 바꾸었는가? 바꾸었다면, 어떻게 바꾸었는가? 페미니즘을 접한 이후 특정 주제에 대해 자신의 입장이 바뀐 사례가 있다면 적어보자.

주제	이전	이후

예시 답안 〈128P〉

40 살면서 직접 겪은 차별들을 떠오르는 대로 적어보고,
이제는 거의 사라진 것부터 변함없이 건재한 것까지,
순번을 매겨보자.

직접 겪은 차별	순번

예시 답안 ⟨128P⟩

6 우리는 이제 막 변했다

41 다음은 여성의 지위가 향상된 시기다. 지식 혹은 상상력을
동원하여 알맞은 답을 적어보자.

(1) 프랑스에서 기혼 여성이 본인 명의로
계좌를 열 권리를 얻은 해

년

(2) 스위스에서 여성이 투표권을
얻어낸 해

년

(3) 성희롱이라는 개념이 지구상에
처음으로 등장한 해

년

(4) 우리나라에서 여성이 배꼽티를
입었다고 재판에 회부된 해

년

(5) 르완다에서 여성이 재산을 가질 수
있다는 법이 제정된 해

년

(6) 사우디아라비아에서 여성이
공공장소에서 자전거를 탈 수 있게 된 해

년

(7) 일본에서 여성의 재혼 금지 기간이
6개월에서 100일로 줄어든 해

년

답 (127P)

지구상 어느 나라에서든 여성에게 투표권이 주어진 지는 그리 오래되지 않았지만, 스위스에서 여성이 투표권을 갖게 된 것이 한국보다도 23년이나 늦었다는 사실은 놀랍다.

프랑스 역시, 기혼 여성이 남편의 허가 없이 직업을 갖거나 자신의 이름으로 계좌를 열 수 있게 된 지 50여 년밖에 되지 않았다.

성희롱이라는 개념은 1974년 미국 코넬대학에서 린 팔리가 직장 내 성폭력을 다루면서 처음으로 사용했다. '여성과 노동'이라는 주제의 강좌에서 여성 노동자들의 경험을 토대로 생겨난 이 개념은 약 20년이 지나 우리나라에 들어오게 된다.

미니스커트, 배꼽티를 비롯하여 파격적인 패션이 유행하던 1994년, 광주 지역의 경찰이 배꼽티를 착용한 두 여성을 경범죄처벌법으로 단속하여 즉심에 회부했다. 판사가 무죄 판결을 내려 처벌을 받지는 않았다.

식민 지배를 겪은 르완다에서는 1994년 4월 7일에 후투족이 투치족을 살해하는 제노사이드가 발생했다. 이때 르완다 전체 인구의 3분의 1인 100만여 명이 목숨을 잃었고, 에이즈에 감염된 남성이 일종의 작전으로 강간을 저질러 여성 25만 명이 희생됐다. 르완다에서는 2003년에야 여성도 부모의 재산을 상속받고 자기 재산을 가질 수 있게 되었으며, 이혼한 여성이 부부 재산의 절반에 대한 권리를 갖게 되었다.[14]

사우디아라비아에서 여성은 운전도 할 수 없고 자전거도 탈 수 없었는데, 2013년에 들어 처음으로 자전거를 타고 공공장소에

나설 수 있게 되었다. 이곳에서 여성이 투표권을 얻은 것은 불과 2015년의 일이다.

일본은 이혼한 여성이 낳은 아이의 아버지를 명확히 하기 위하여 여성에게 6개월간의 재혼 금지 기간을 두었었는데, 올해 초 이 금지 기간이 100일로 줄었고 이혼 시점에 임신하지 않은 것이 확인되면 이혼 후 곧바로 재혼할 수도 있게 바뀌었다.

여러 나라에서 많은 중요한 변화가 극히 최근에 일어났고, 일어나고 있다. 하지만 이런 변화는 한번 일어나면 들불처럼 번진다. 인도에 머물며 성교육 봉사를 하는 동안, 10대 여자 아이들과도 편지 쓰기 활동을 했다. 친구가 성폭력을 당한 사실을 털어놓았을 때 어떤 편지를 쓰겠느냐는 물음에 대한 이들의 답변은 앞서 3장에서 소개한 성인반 여성들의 대답과 상당히 달랐다. 열댓 명의 아이가 한 명을 빼고는 모두 비슷하게 적었다. "절대로 네 잘못이 아니야. 그러니까 혹시라도 허튼 생각은 하지도 마.", "내가 네 곁에 있을게. 너무 걱정하지 마." 디파라는 이름의 한 아이만이 이렇게 적었다. "어떡해? 너 이제 큰일 났다. 나라면 자살할 거야. 아니면 그 사람이랑 결혼해봐." 그리고 디파는 갑자기 울었다. 부끄러워서 그랬다고 했다. 다른 아이들은 전부 디파를 달래주었다.

그나마 한국에 태어나길 망정이지, 네가 배가 불렀구나, 하는 식의 이야기에 흔히 비교 대상으로 불려 나오는 인도지만,

이곳 역시 변한다. 일본의 재혼 금지 법률이 황당하다고 느끼는 이도 있겠지만 우리에게도 똑같은 법률이 있었으며 2005년에야 폐지되었다. 혹시 르완다에 태어나지 않아 다행이라고 여긴다면 우선 르완다가 이후 어떻게 변했는지를 더 살펴볼 필요가 있다. 2015년 기준으로 르완다보다 성평등지수가 높은 나라는 아이슬란드, 노르웨이, 핀란드, 스웨덴, 아일랜드밖에 없다. 2003년 법이 제정되면서 국회의원, 장관 등 공공 일자리의 30퍼센트가 여성에게 의무 할당되었다. 하원의원 80명 중 51명이 여성이며, 장관 10명 중 3명이 여성이다. 보수적인 지역에서 남편이 부인을 때리기도 하고 부인이 일자리를 얻는 걸 허락하지 않는 경우도 있지만, 할당 의무가 있기 때문에 남편을 설득해서라도 비율을 맞춰야 한다. 사립학교에서는 여학생이 과학과 기술을 배울 수 있도록 장려한다. 여성이 경제권을 얻고, 교육을 받고, 의사결정의 중심에 서게 되었다. 실제로 르완다에서 4살 딸아이를 홀로 키우며 살고 있는 그레이스는 예전 같았더라면 르완다에 살지 못했겠지만, 지금은 혼자 아이를 키우는 것이 두렵지 않다고 말한다.

사우디아라비아에 처음 투표권이 부여되자, 여성의 투표율은 82퍼센트에 달했다. 남성 투표율은 44퍼센트였다. 그리고 건국 83년 만에 여성 의원이 스무 명이나 당선되었다. 전체 의원이 2016명이므로 단 1퍼센트에 해당하지만, 의원 후보가 여성이라면 여전히 온 몸을 가리는 니캅을 착용해야 연설을 할 수 있는 나라에서 1퍼센트는 이미 엄청난 변화이며 앞으로의 더 큰 변화를 예고하는 신호다.

그렇다면, 시간이 지나면 여성은 반드시 승리할까? 일단 변화가 일어나면 그 전으로 돌아가기는 어렵다. 처음부터 억압에 휩싸여 있을 때는 그럭저럭 버텼다 하더라도, 한 겹 걷어낸 세상을 맛보고 나면 다시는 그것을 뒤집어 쓸 엄두가 나지 않기 때문이다. 억압이 존속할 마땅한 이유를 찾을 수 없음은 물론이다. 그러나 막연한 낙관은 금물이다. 자신을 옭아매는 족쇄를 나중에야 깨닫고 벗어 던진 개개인은 절대 깨닫기 전으로 돌아갈 수 없지만, 족쇄가 도로 채워지는 순간은 올 수 있다.

튀니지는 가장 진보적인 이슬람 국가였으나 정권이 바뀌면서, 2012년 새로운 헌법에 '여성은 남성에 대한 보조적인 존재'라는 문구를 삽입했다. 물론 한번 평등을 맛본 이들이 가만히 있을 리 없었다. 6000명이 시위에 나섰고 결국 헌법 개정 투표가 연기되었으나, 투쟁은 여전히 이어지고 있다. 아프가니스탄은 더 확실한 사례다. 1970년대의 사진만 보더라도 아프가니스탄 여성들의 복장은 아주 자유롭다. 미니스커트를 입고, 의대에 진학하고, 전공을 살려 취업했다. 당시를 회고하는 이들은 자신들의 나라가 세계에서 가장 평등했다고 말할 정도였다. 그러나 1979년 소련의 침공 이후 내전을 거듭하며 폐허가 되고 1997년 탈레반의 정통 이슬람 국가가 출범한 이후 아프가니스탄에서 여성은 억압당했다. 모든 여성의 학업과

취업을 금지하면서, 여성이라는 이유로 교사의 70퍼센트가 하루 만에 실직했다.

　　시간이 지나면 결국 승리하리라는 믿음은 나를 배반할 수도 있다. 부끄럽지만 고백하자면, 나는 최근까지도 평등이 찾아오는 것이 시간문제인 줄 알았다. 그런데 거저 나아지는 일은 없다. 심지어 후퇴할 수도 있다. 억압에 저항하는 목소리가 커질 때와 줄어드는 때가 있는 것처럼, 억압하는 이의 몸부림도 거셌다가 잦아들었다가 한다. 배는 물풀이 얼마나 질긴지, 바람이 얼마나 돕는지에 따라 잘하면 앞으로 가고, 밀리면 뒤로도 간다. 나아지리라는 믿음은 분명히 필요하지만 그저 시간문제이리라는 막연한 낙관에는 나아가는 데 시간과 힘을 들인 누군가의 존재가 지워져 있다.

　　거저는 나아지지 않는다. 그래도 나아진다. 어쩌면 나아지지 않을지 몰라도, 절망할 때마다 여전히 나는 이 믿음에 기댄다.

42 "2016년까지도 [   ]였다고요?" 미래의 누군가가 이렇게 묻는다고 할 때, 당신은 빈 칸 안에 어떤 말을 넣고 싶은가?

예시 답안 ⟨128P⟩

41

(1) 1965년

(2) 1971년

(3) 1974년

(4) 1994년

(5) 2003년

(6) 2013년

(7) 2016년

예시 답안

38 임아무: 고등학교 성교육 시간, 남자애들한테는 자위와 사정 늦게 하는 법 등을 알려주는 반면에 여자애들한테는 너희를 지켜주는 남자를 만나라 했다. 어렴풋이 나중에 커서 페미니스트가 되어야겠다 생각했다. 그리고 대학교 2학년 즈음, 술자리에서 내가 명예남성이라는 생각을 했다. 죄책감과 자괴감을 느끼고 스스로를 페미니스트라고 호명했다.

들레: 대학교 1학년 때 신학과 전공으로 개설된 여성신학 과목인 〈몸신학〉을 들으면서 기독교 전통에서 여성이 어떻게 체계적으로 배제되어왔는지 배웠던 것이 결정적이었다. 그 수업을 들으면서도 "술 먹고 곯아떨어지는 여자는 아무데서나 잠을 자기 때문에 남자들은 그런 여자를 만나지 않도록 조심해야 한다" 같은 발언을 일삼는 남자 선배들을 보며 성차별은 현재진행형임을 느꼈고 이에 대한 문제 제기는 나의 예민함으로 축소되기 일쑤라는 사실이 온당하지 못하다는 생각을 하며 서서히 페미니스트로 정체성을 굳힌 것 같다.

39

	주제	이전	이후
심엉성	외모 코르셋	누가 살쪘다는 한마디만 해도 펑펑 울며 몇 끼를 굶었고 외모 지적하면 하루 종일 끙끙 앓으면서 그것만 생각했다.	나의 외모를 평가하는 이의 건방짐을 깨우쳤고 나도 타인의 외모를 지적하지 않으려 노력하게 되었다.
김한올	사랑에 대한 인식	낭만적이고 아름다운 것, 정치적이지 않고 순수한, 나와 상대방만의 사적인 관계	그 무엇보다 정치적인 관계. 성^{sex}과 물질(혹은 지위)의 교환. 이성애의 경우 이미 여남 사이에 사회적 위계관계가 공고하기 때문에 절대로 평등할 수 없는 관계. 모든 폭력이 '애정'의 이름을 뒤집어쓰고 일어나는 장.

40 신가람: 남아 선호 / 성범죄 / 업무 배제 / 고용 차별 / 임금 차별 / 공적인 자리에서 차별적 발언을 듣는 것(예: 자기 오늘 생리해? 농담인데 왜 화를 내고 그래. 여자들은 시집 잘 가는 게 최고야) / 남성에겐 회장, 여성에겐 부회장을 맡기는 것 / 여성에게만 요구되는 '여성스러운' 특징들 / 외모 품평 / 미디어에 만연한 성차별적 광고

42 우유니게: 2016년까지도 **페미니즘 문구가 적힌 티셔츠를 입으면 욕먹고 고용 해지되**었다고요?

더 알아보기

- 세계 각국에서 여성이 투표권을 얻어낸 시기를 찾아보자.

- 우리나라에서 여성을 억압하는 제도나 통념은 어떤 것이
  있었는지, 그것이 사라지거나 생겨난 배경 및 과정은
  어땠는지 알아보자.

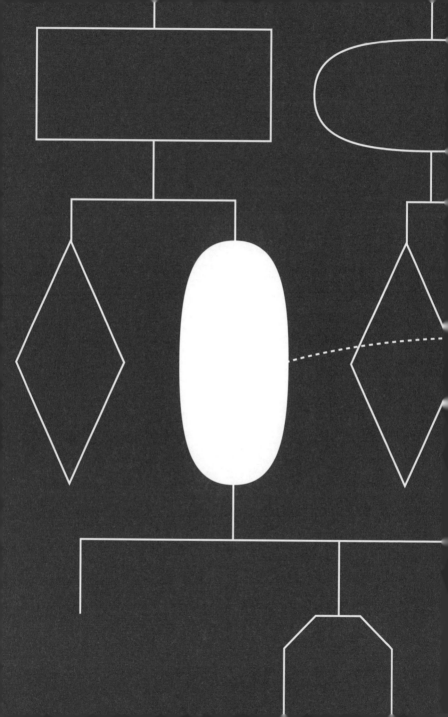

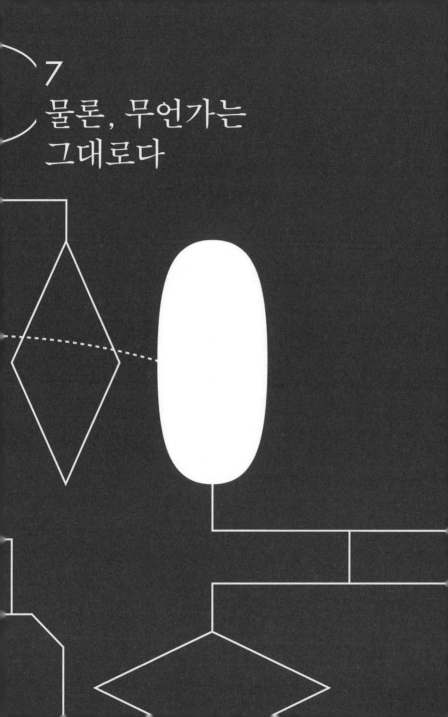

7
물론, 무언가는
그대로다

43 아래 사례의 화자가 괄호 속 연도에 태어났다면 어떤 삶을 살다 갔을까? 나라면 어땠을까? 상상하여 써보자.

(1) 최근 데이트 강간을 당했다. 그러나 이 고통은 나만의 것이 아니다. 아마 과거에도 많은 여성이 성폭력을 당해 한을 품고, 죽고, 희생되었을 것이다. 우리를 성적으로 억압하고 우리에 집어넣고, 욕하고 비웃는 것은 남자다. 나는 여성이 남성으로부터 해방되기를 바란다. 그러나 나 혼자서는 불가능한 일이다. 슬픈 일이다. 나에게 드리워진 사회적 굴레를 벗어나고 싶었다. 더 배워서, 내가 사회가 더 나은 방향으로 나아가는 데 도움이 되기를 바랐다. (1896년)

(2) 새오빠들에게 성추행을 당했다. 그렇지만 아무도 내 말을
     믿지 않는다. 우리 집안은 지독하게 가부장적이다. 엄마는
     철저하게 순종적으로 아버지를 모셨고, 아버지는 딸을
     소유하려고 든다. 집안에서 나는 너무나 무력한 존재다.
     끊임없이 불안하고 예민해진다. 환청까지 들린다. 나는
     오래전부터 늘 글을 쓰고 싶었다. 그런데 아버지는 물론이고
     엄마도 딸은 시집가서 살림만 잘 하면 되는 존재라고
     생각했다. 아버지가 돌아가시고서야 글을 쓸 수 있었다. 만일
     아버지가 96세까지 살았다면 나는 절대 지금처럼 살지
     못했겠지. 역사에 걸쳐 여성은 익명의 존재였다. 어떤 전기나
     역사책도 여성의 구체적인 삶을 기록하지 않았다. 사회는
     여성에게 너무 잔혹하다. (1882년)

이는 실제로 괄호 안의 해에 태어난 김명순과 버지니아 울프의 이야기다.

김명순은 앞서 소개한 문인으로, 이광수의 『무정』과 같은 해에 소설을 발표하고 보들레르의 〈악의 꽃〉을 번역했다. 동시에 데이트 강간의 피해자이기도 했다. 이 사실이 알려지자 온 나라가 그에게 손가락질을 했다. 피해 당시 김명순은 열아홉 살이었다. 김동인, 김기진, 방정환 등 함께 문학계에 있던 당대 문인들은 김명순이 기생의 딸이라는 점을 들먹였고, 김명순에게는 더러운 피를 타고났다는 비난과 낙인이 쏟아졌다. 심지어 김동인은 누가 봐도 김명순을 모델로 한 소설 『김연실전』을 발표했는데, 주인공은 타락한 여성으로 그려지며 비참한 최후를 맞는다. 김명순은 이후 일본의 정신병원에서 생을 마감했다. 김명순과 같은 해에 태어난 나혜석 역시 조선에서 처음으로 전시회를 연 화가이자 문인이었지만 객사했다. 버지니아 울프는 평생 환각과 우울증을 안고 살아가다가 외투에 돌을 집어넣은 채 강에 빠져 자살했다. 우울증만으로는 설명할 수 없는 자살이지만 권위적인 아버지 밑에서 끊임없이 시달린 것만은 사실이다. 울프의 말년 무렵에 태어난 실비아 플라스는 가부장제에 대항하는 시를 비롯해 대학 시절에만 400편의 시를 발표한 천재 시인이었다. 그러나 그는 오븐에 머리를 넣고 자살한 사실로 더 잘 알려져 있다.

페미니즘은 갓 생겨난 것처럼 여겨지곤 한다. 늘 갑작스럽고 놀랍고 새로운 사상처럼 취급받는다. 비슷한 이야기로, 여성에게는 역사가 없다는 말이 있다. 혹은 '논의가 발전적으로 나아가지 못하고' 똑같은 소리만 되풀이하는 것이 페미니즘의 한계라 지적하는 이들도 있다. 그런데 그런 '똑같은 소리만 되풀이하는' 페미니즘을 주장하는 페미니스트는 언제나 돌연하고 당황스러운 존재 취급을 받는다. 혹은 현실을 모르고 공허한 소리를 하는 이, 낯선 불청객으로 여겨진다. 느닷없이 나타나 편안하던 세상을 불편하게 만드는 존재다.

그러나, 이들의 목소리는 처음부터 있었다. 그리고 앞에서 보았듯 세상은 분명 변했다. 정말 낯설던 이들의 목소리는 이제 조금 덜 낯설어졌다. 여전히 오래전의 그들과 똑같은 소리를 해야만 하는 이들이 있지만, 오늘날엔 조금 덜 외로워졌다. 우리는 이미 죽어버린 이들의 절망에 깊이 공감하면서도 그들이 희망하던 세상에 한 발짝 다가갔다. 그리고 내 앞에 누가 있는지 알지 못했지만, 공들여 찾아낸 그들은 지금의 우리와 놀라우리만큼 닮았다. "주동자는 없다"고 말하던 동일방직의 여공과 "우리가 배후다"라고 외치는 이화여대의 투쟁, 가락지와 비녀를 모아 세운 근화여학교와 크라우드 펀딩으로 성사되는 수많은 페미니즘 프로젝트, 소속된 단체도 규약도 없이 개인으로 존재하던 영 페미니스트와 오늘날의 우리.

나는 '각자가 각자의 몫을 하면 된다'는 마음으로 행동에 나섰고, 권김현영은 영 페미니스트 인터뷰에서 "우리는 기존 여성운동의 틈새에서 우리가 할 수 있는 일을 찾아갈 것"이라고

말했다. 이때 권김현영의 나이는 지금 나와 같다. 들꽃모임을
통해 외롭게, 힘들게 각개격파를 하는 상황에서 "나 같은 년이 또
있구나" 하는 안도감을 얻었다던 권김현영은 여성학자가 되었다.
그의 존재는 나 같은 사람이 또 있었구나, 하며 오래전 남긴 그의
말을 반갑게 끌어안는 나와 같은 다음 세대에 전해진다. 우리는
불편함을 직시하면서 같은 곳을 향해 천천히 걸었다. 가시적인
움직임이 없어 흔히 침체기라고 평가받던 시기에도, 보이지 않는
곳에서 계속 걸었다. 기관으로, 연구소로, 각자의 자리를 만들어
내실을 다져갔고 그곳에서 또 다른 움직임에 동참한 이들을
맞이했다. 그러니 역사를 가진 쪽은 사실 누구인가? 나는 유구한
역사의 결과물이다.

44 누군가가 스스로를 페미니스트라고 칭하고 싶지만 머뭇거린다면, 그를 가로막은 것은 무엇일까?

45 그 장애물은 언제부터 거기 있었을까?

46 다음은 여러 시기의 기록을 직접 혹은 간접 인용한 것이다.
시기와 상황을 맞혀보자.

(1) "이제 남녀차별이란 단어가 무색해지지 않았나 싶네요.
여성들은 일자리가 많지만 남자들은 제대로 된 일자리를
구하기 어려운 실정입니다. (…) 물론 극소수의 여성들이
가정에서 남편에게 매 맞고 그런다는 것은 알지만 (…)
제 주위에선 흔하지 않은 일이고 그렇기 때문에 뉴스가 되는
것은 아닐까요. 따라서 극소수의 의견을 대다수가 필요로
하는 것처럼 말하지 않았으면 합니다. (…) 제발 남자들의
기를 죽이지 말아주세요!"

"무슨 말도 안 되는 소리를 지껄입니까? 괜히 할 일 없으니까
그런 거나 만들려고 하고 (…) 솔직히 여성에게 약간의
피해가 있다는 것은 인정합니다. 하지만 그것이 대중적인
것도 아니고 (…) 극히 소수의 일부분만 가지고 그런 식으로
떠벌리고 다니다니요."

(2) "아무에게도 사랑받지 못하고 키스도 해본 적 없는
     여자들이다. 착한 여자라면 저럴 리 없다. 이제 여자들이
     들고 일어나기라도 하면 남자들이 집안일을 하고 애를 봐야
     할 것이다. 내가 이러려고 나라를 지켰다니!"

(3) "당신의 낭비 속에 민족은 굶주린다. 사치와 향락은 망국의
     근원이다. 이대생이여, 하이힐을 벗고 단화를 신어라. 다방과
     다과점으로 향하는 그대들의 발걸음을 서점으로 돌려라.
     귀부인과 같은 손가락으로 쌀을 씻어라. 달랑거리는
     핸드백을 내던지고 두툼한 책가방을 들어라."

(4) "이번 살인 사건에서 여성이 사망한 것은 우연한 일이지
여성을 일부러 범죄의 타깃으로 삼은 게 아니다. 또한
살인범도 사회 구조의 희생자였고 정신병 때문에 일을
저지른 것이다. 이 일을 정치적으로 끌고 가서는 안 된다."

(5) "건방지게 법을 고치라니 어디서 배운 버릇이냐? 조그만 게
벌써 꼬리를 휘젓고 다니면서……. 여성들은 불평 한마디
없이 다 좋다고 잘 살고 있는데 넌 어째서 불평을 하냐?"

(6) "여자가 술 잘 마시면 비판받는 시대였는데, 내가 술을 좀
마시는 편이라 회식 때마다 늘 몇 잔 마셔야 하나, 2차는 가야
하나, 2차 가면 언제 자리를 떠나야 하나 세밀히 고민하곤
했다. (여자가 극히 드문 직종이라) '이번에 OOO이라는
여자가 온다', '그 여자 술 잘 먹는다'는 말이 꼬리표처럼
붙어 다녔다. 심지어는 여자가 와서 낮잠 자기 불편하다느니
저녁에 사우나 가기도 힘들다느니 하는 불평에, 술자리에서
찌개라도 떠주면 엄마같이 편해 좋다는 말까지 공공연히
들어야 했다(웃음)."

(7) "회의를 할 때, 커피를 타는 쪽은 언제나 여성이다."

47 다음 빈 칸에 들어갈 말은 무엇일까?

'극단적 부르주아 페미니스트', '부르주아 테러 집단' 등의
원색적인 비난을 하는 사람들, 취지에는 공감하나 방법이
잘못됐다는 사람들, '터질 것이 터졌다'고 보는 사람들이
모두 공존했다. (…) 논쟁이 진행되던 온라인 게시판에는
'나의 경험'이라는 제목을 달고 자신의 말하지 못했던 피해
경험을 쓰는 여성의 글이 연달아 올라왔다. (…) 움직임을
이끈 이들을 색출하려고 '너도 ☐☐이냐?'고 묻는 일이
흔했다. 실제로 ☐☐에 속하지 않았어도 ☐☐로 오해받는
이들이 여럿 있었다. (…) "이것도 성폭력이냐?"라는 질문과
"취지에는 동의하나 방법이 잘못됐다"라는 비판이 제기됐다.

답 143P

정답

46

(1) 호주제 폐지에 반대하는 남성들이 온라인 게시판에 게시한 댓글.

(2) 영국 서프러제트 운동 당시, 투표권을 얻으려는 여성들을 조롱하는 포스터에 쓰여 있던 문구.

(3) 고려대학교 한국민족사상연구회 회원 약 20명이 1971년 이화여대 앞에서 벌인 사치풍조 성토대회에서 이대생에게 직접 나누어주던 '이대생에게 부치는 글'과 당시 들고 있던 플래카드에서 발췌한 내용.

(4) 1989년 캐나다 몬트리올 총기난사 사건 당시, 사건을 여성혐오 범죄로 규정하기를 꺼리던 이들의 주장.

(5) 1953년, 가족법 개정운동을 시작한 이태영 변호사가 김병로 대법원장에게 들었던 말. 당시 건의서에 담긴 개정안에는 여성도 분가할 수 있고, 친권 행사를 부모 공동으로 하는 등의 내용이 담겨 있었다. 이태영은 이 자리에서 얼마나 놀라고 무섭고 슬펐는지 눈에서 눈물이 아닌 핏물이 쏟아지는 듯했다고 술회한다(양현아, 2006).

(6) 강금실 전 법무부 장관 인터뷰, 1983년 판사 임용 당시에 대한 답변 중(2012).

(7) 시몬 드 보부아르의 TV 인터뷰(1975)

47 100인위원회

앞서 말했듯 우리는 앞으로도 뒤로도 간다. 다만 계속해서 커지는 것이 있다. 커튼에 난 구멍이다. 빛이 들어오지 못하게, 상식이 통하지 않게 가려두었던 커튼은 계속해서 찢긴다. 저 밖에 있는 게 빛이라는 걸 아는 순간, 그리고 일단 빛이 든 이상 도로 암흑을 받아들이게 할 수는 없다. 상식은 그렇게 때로 천천히, 때로 빠르게 세를 넓혀간다. 운 좋게도 지금 우리는 오랜 시간에 걸쳐서야 느낄 수 있었을 그 흐름을 눈 앞에서 압축적으로 보고 있다. 어떤 목소리는 설득력을 잃고 어떤 목소리는 힘을 얻어가는 일관된 흐름을 목도하는 일이, 당장 누구의 목소리가 더 힘이 센지 가려내는 일보다 중요하다. 어차피 차별주의자마저도 커튼의 찢어진 틈으로 드는 볕에 곧 빚지게 될 것이므로.

지난 시대의 가부장과 똑같은 얼굴을 하고 똑같은 말을 하면서 그렇지 않다고 부인하는 이들이 있다. 그들은 조상을 닮았다는 말에 발끈한다. "그것과 이것이 같으냐?", "과거에는 차별이 있었지만 나는 상식적인 얘길 하는 거다." 뻔한 주장이다. 그러나 그 상식은 누가 만들었는가? 차별과 억압을 받는 입장이 아니기에, 그저 힘이 센 편에 서 있는 이들, 그러다가 우리의 투쟁으로 세상이 조금 변하고 상식 아니었던 것이 상식이 되면 냉큼 거기 올라타 그다음 변화에 어깃장을 놓을 뿐인 이들은 모른다. 계승할 역사도 긍정할 전통도 없이 변화를 막아서는 이들은 그저 미역에 불과하다. 배에 엉겨 붙어 진로를 필사적으로 방해하는 미역. 합리적인 토론이나 이성적인 언쟁 같은 건

7   물론, 무언가는 그대로다

처음부터 없었다. 대의도 명분도 없이 눈앞의 전진을 막아보려는 가녀리고 끈질긴 물풀 다발과 앞으로 나아가려는 배. 처음부터 이뿐이었다.

　　　나는 불청객 취급을 받으며 외롭고 공허하게 외치다가 어느 결엔가 묻혀버렸을 내 조상의 목소리를 찾아 헤맨다. 나와 닮은 얼굴을 한 그들이 원했을, 여전히 한탄스럽지만 제법 나아진 세상을 보여주고 싶다. 그러니 시간이 지나고 자신의 후세에게 금세 부정당할 이는 결국 누구인가?

　　　또 당신은 어떤가. 어떻게 여기까지 왔는지, 방향이 어디인지 몰랐을 뿐, 당신은 언제나 앞으로 가서 더 나은 곳에 닿고 싶었다. 누군가도 당신이 그곳에 닿기를 원했다. 그러니, 물풀 따위는 잘라버리고 앞으로 가자. 이 기세가 언제 또 잦아들지는 아무도 모른다. 물 들어올 때 노를 저으라는 말은 그래서 농담이 아니다. 언제든 뒤로 갈 수 있다면, 나아갈 수 있을 때에 갈 수 있는 데까지 나아가야 한다.

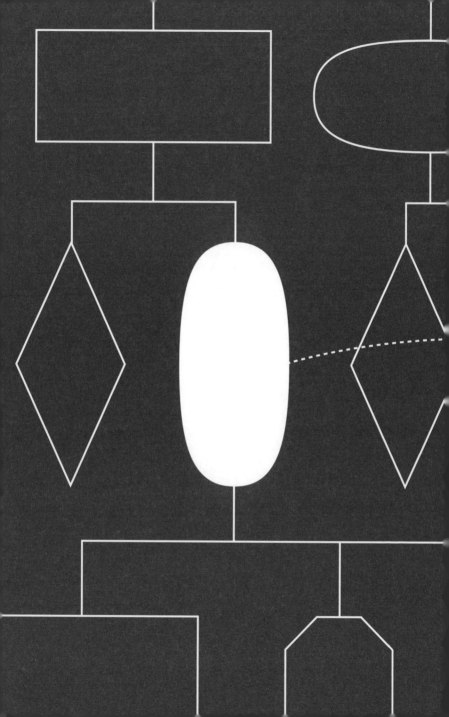

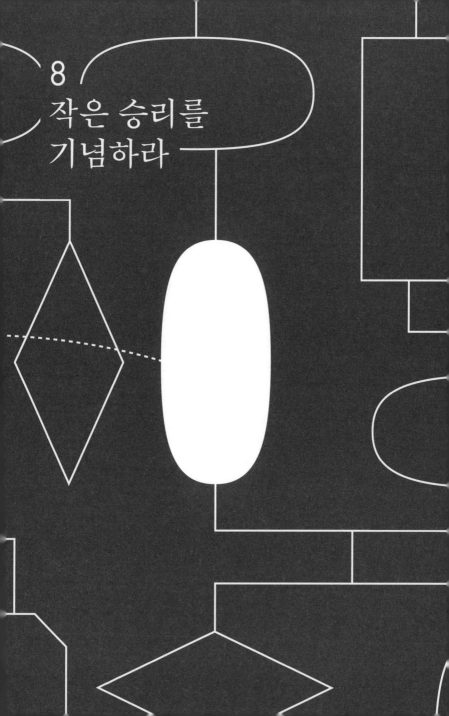

8
작은 승리를
기념하라

지금의 열기는 나날이 고조되지만, 언제든지 사그라질 수 있다. 나는 그게 언제가 되었든 당연하게 받아들일 준비가 되어 있다. 그러나, 우리가 이미 경험한 성취가 누군가의 눈에 운 좋게 띄기만을 기다리는 신세로 전락하는 것만은 원치 않는다. 누군가 우연히 발견하거나 애써 찾아내야만 하는 흔적으로 축소되고 싶지 않다. 잊혀버린, 다시 조명해야 할, 비운의, 재평가가 시급한, 과 같은 수식어가 붙지 않기를 원한다. 제대로 평가받기를 원한다. 부당함에 열심히 목소리를 높이던 시절이 부당한 대우를 받는 건, 너무 부당하다.

이 같은 부당함은 너무 흔한 일이기에 더욱 더, 갈급한 이들만이 찾아내고야 마는 구석자리를 뿌리칠 것이다. 원한 적 없는 이들도 중간고사에 나온다는 이유로 꾸역꾸역 외워야만 하는 가운데 자리를 요구할 것이다. 구석으로 밀려나지 않도록 안간힘을 쓸 것이다. 뒤늦게 발견되어 먼지 더께를 털어내고 소중하게 끌어안아야 하는 기억이 아닌, 시험기간이 지나면 금세 잊어버리지만 그래도 어느 누구나 대강은 읊을 줄 아는 기억이 되게 만들 것이다. 그러자면 우리의 기억이 아직 생생할 때 끊임없이 말해야 하고, 또 기념해야 한다. 우리는 무언가를 시험공부 끝에 외우기도 하지만, 기념함으로써 직접 하지 않은 경험을 자연스레 다시 기억하고 또 모두의 기억에 남긴다. 그리고 둘은 그리 다르지 않다. 끊임없이 기념하는 일이 결국 시험에 나오기 마련이다.

48 당신이 기억하는 작은 승리는 무엇인가? 다음의 예시를 참고하여, 일상에서 승리감을 느낀 사적인 일화를 말해보자. 혹은 변화가 일어날 때 어떻게 참여했고, 그로 인해 무엇이 바뀌었고, 어떤 감정을 느꼈는지, 오로지 당신에게서만 들을 수 있는 이야기를 최대한 자세히 써보자.

예1 프랑스의 여성주의자 테레즈 클레르는 1965년 7월 14일, 기혼 여성이 자기 앞 통장을 가질 수 있게 되자마자 은행에 곧바로 달려갔다. "아주 잘 기억하고 있어요. 내 이름으로 수표책을 만들 수 있었을 때, 나는 당장 가족 생활보조금 센터에 서류를 보내면서 아이들을 입힐 돈이 필요하다고 썼고, 새 법을 언급했어요. 서류가 많이 오고 가고 조사할 게 많을 줄 알았지만 다음 달에 곧바로 돈이 들어왔어요. 남편은 보조금이 들어오지 않자 깜짝 놀라서 내게 물었고, 난 내 계좌로 입금되게 했다고 대답했어요. 남편과 사는 동안 제일 무시무시하게 싸운 날이었지요." [15]

예2 아이슬란드의 소룬 스베인브야르나도티르 전 환경장관이 첫 여성파업 날, 엄마를 따라 거리로 나섰을 때는 열 살이었다. "나는 모두 행복해 보이는 수많은 여성 사이에 섞여 있던 느낌을 기억할 뿐이다. 그것은 우리 세대에게 훌륭한 교육이었다. 그 비결은 우리가 좌나 우를 막론하고, 또 계급을 막론하고 모든 부문에서 여성들을 불러내올 수 있었다는 데 있는 것 같다. 그것은 매우 중요하다. 그날은 기쁨의 날이었다." [16]

예3 한국의 여성학자 윤김지영 역시 자신이 경험한 승리를
    이야기했다. "'지금 이 순간'이야말로 페미니즘 이슈화의
    최적기이자 이에 대한 강력한 반발 구도가 생겨나고 있는
    격동기 자체라고 생각됩니다. 예전엔 우리 일상을 지탱하고
    있던 비대칭적 젠더 체계는 당연한 것으로 여겨졌기에
    페미니즘 강의가 개설되면 2~3명 남짓의 수강인원으로
    그쳐야 했습니다. 그런데 이제는 많은 이가 페미니즘에 대한
    목마름과 더불어 지금 이 일상의 부조리성에 대한
    문제의식을 통해 페미니즘 강의를 열정적으로 찾아오고 있는
    실정입니다. 나아가 여성혐오라는 이 사회의 기저를 직접
    폭로, 명명하고 진단한 이들이 학계 페미니스트들이나
    사회학자라는 전문가 집단에 의해서가 아니라 여성들
    스스로가 이 사태를 통찰하고 새롭게 주목해낸 점이 저에게는
    커다란 놀라움의 순간이었습니다. 저에게 있어 작은 승리란
    페미니스트 학자로서의 발화 기회가 더 많이 주어져 여러
    언론사가 주목하고 있는 여혐과 페미니즘 이슈에 대한 제
    견해를 언론매체를 통해 표명할 수 있는 통로가 생겼다는
    것입니다. 예전엔 독백에 가까운 작업이었다면 이제는
    페미니스트 활동가들, 여러 다각적 영역에서 실천과 이론을
    엮어나가는 이들과 SNS상에서 서로 연대할 수 있는 해방의
    고리가 생겨난 것도 큰 기쁨의 순간입니다."

제도의 마련과 단체의 활동은 기록으로 남아 웬만하면 찾아볼 수 있다. 그러나 변화를 맞이했을 때 느끼던 설렘, 환호, 두근거림에 깃든 열은 아쉽게도 금세 날아간다. 변화의 주역이었노라고 자신 있게 말할 수 있는 이들의 수는 한정되어 있다. 그러나 변화가 일어나는 당시를 살아가는 이상 모두가 필연적으로 관여한다. 변화를 직접 기획하거나, 변화의 물결에 동참하거나, 주변인과 함께 혹은 마음속으로만 지지하거나, 혹은 반대 편에 서서 막았거나, 알고 싶지 않아서 듣지 않기를 선택했거나, 적어도 그 당시에는 정말 모르고 지나쳤거나. 우리는 겸손하기 위해서, 혹은 정말 그렇게 믿기 때문에 '나는 한 게 없다'고 말하곤 하지만, 다시 생각하면 동시대를 사는 우리는 반드시 무엇인가를 하고 있었으며 앞으로도 그럴 것이다. 아무것도 하지 않기를 선택하더라도 어딘가에서 한 사람 분의 자리를 차지할 것이다. 마치 인화된 사진처럼, 구석자리에서라도 당신은 당신의 얼굴을 찾을 수 있다. 그리고 각자의 자리에서 마주한 변화에 관해 말해줄 수 있는 사람은 오로지 본인뿐이다. 그렇다면 상상해보자. 변화의 구심에서 각자 멀거나 가깝게 위치했던 뭇사람의 이야기가 남아 있었더라면?

처음으로 서울에 여권통문이 붙었을 때, 동일방직에 처음으로 민주적인 노조가 생겨나 뜨겁던 작업장에 환풍기를 달았을 때, 변화를 꿈꾸었거나 꿈조차 꾸지 못했던 이들에게 찾아온 해방감, 희망, 설렘이 우리에게 더 크게, 더 많이

전해졌더라면 어땠을까? 아마 우리는 조금 덜 헤매고 조금
더 확신했을지 모른다. 여태까진 희미하게 남은 자료를 찾아
헤맸다. 이제부터는 나만 할 수 있는 이야기를, 할 수 있는 데까지
남겨두기로 한다.

메갈리아의 등장

한국 사회에 불어 닥친 페미니즘 열풍은 느닷없게도
저 멀리 중동의 낙타로부터 시작되었다. 낙타와의 접촉으로
발병하는 전염병인 메르스의 국내 첫 번째 확진자가 여성으로
알려졌는데, 사실 알고 보니 그 확진자가 여성이 아닌
남성이더라는 이야기. 금세 전해 들었지만 이게 어떤 결과를
불러올지는 전혀 몰랐다. 한국에 메르스를 옮겼다는 이유로
여성에게 쏟아지던 언어폭력에도 감흥은 없었다. 초등학교에
들어갈 무렵 인터넷을 처음 사용한 이래로 여성이 공격 대상이
아니었던 적이 없었기에, 십여 년이 넘는 동안 이미 둔감해질
대로 둔감해진 터였다. 국내에 메르스를 전파한 게 여성이라는
건 또 한 번의 좋은 구실이 되겠고, 확진자가 사실 남성이라고
밝혀진 순간 공격이 멈추고 그저 잠잠해졌다 해도 이상할 건 없어
보였다. 언제나 그랬듯 비난의 구실은 구실일 뿐이었기 때문이다.

그런데, 무언가 달랐다. 누군가 반격한 것이다. 익히 들었던
레퍼토리에서 대상의 성별만 바꾸는 방식으로, 전혀 새로운
반격이 시작됐다. 이때까지도 심각하게 생각하지 않았다. 원

출처에서 페이스북으로 넘어온 패러디를 읽으며 시시하게 웃었다. 열광하지도 않았다. 패러디는 패러디일 뿐이었다.

거기까지일 줄 알았는데, 뭔가 이상했다. 패러디 게시물을 대하는 이들의 반응이 너무 심각했다. 혹자는 정말 여성이라면 이런 글은 쓸 수 없다고까지 말했다. 온라인에 만연한 욕설, 비방, 조롱이 처음 생겨난 것 마냥 극성이었다. 원 출처인 디시인사이드의 메르스 갤러리에는 금세 '남성을 비하'하는 언어를 금지하는 조치가 내려졌다. 3일 만이었다고 했던가. 여성을 대상으로 한 혐오 표현이 이런 식으로 제지를 받았다는 이야기는 들은 적이 없었다. 씁쓸하게 웃어 넘기면 그만일 패러디에 어떤 힘이나 반향이 있을 리가 없다고 생각했기 때문에 상황을 파악하기가 영 어려웠다. 정말로 여기에 공격이 될 만한 힘이 담겼다고 믿는다고? 좀체 믿을 수가 없었다. 하나같이 패러디에만 경악했고 사회문제로 불거진 '남성혐오'에 촉각을 곤두세웠다. 메르스 갤러리에서 파생된 메갈리아, 메갈리아 이용자를 일컫는 메갈리안으로부터 '정치적 올바름'을 기어이 수호해내겠다는 움직임과, 혐오에 분연히 맞서 핏대를 세운 이들의 정의감이 영 의아했다. 혐오에 무감하기로 한 것이 우리의 규칙 아니었던가? 이때 기울어진 운동장이 너무도 명백히 보였고, 뒤늦게 분노했다. 누군가는 '패러디'의 '원본'에 끝끝내 무심했고, 다른 누군가는 패러디조차 용납하지 않는 권력 차이를 눈으로 보면서 하루하루 믿지 못했다.

8   작은 승리를 기념하라

그리고 그때부터, 여성들은 더 이상 참지 않았다. 수많은 여성이 마치 거리로 나서듯 온라인상에 나섰다. 더 세게, 더 집요하게, 더 신랄하게 거울을 들고 나를 향하던 혐오를 비추었으며, 함께 분노를 표출했다. 이건 정말로 처음 있는 일이었다.

나는 여태까지 어두운 골목길에서 고개를 수그리고 발길을 재촉하듯 인터넷 사이트를 빠져 나오곤 했다. 여성에 대한 비하와 모욕으로 얼룩졌을 게 분명한 댓글들을 확인하고 싶지 않아서였다. 우연히 댓글을 확인하기라도 하면 금세 작아졌고, 얼어붙었고, 공포스러웠고, 우울했다. 남성의 입장과 관점만이 유일한 공용어인 듯한 온라인 공간에서, 나는 때로 부당함을 느꼈고 묘하게도 때로는 동조했다. 부당하게 느껴질 때 대항하자니 아무도 나와 같은 생각을 가지지 않는 것 같았고, 간혹 가다 맞는 말을 하는 듯한 이는 곧바로 공격을 당해 도로 입을 다물기 일쑤였다. 참조할 수 있는 목소리가 단 하나였을 때, 거기에 나를 맞춰간 건 어찌 보면 자연스러운 일이었다. 온라인상의 혐오는 결국 여성을 향했기에 나는 나를 혐오한 셈이었다.

그런데 당연하게 여겼을 뿐 아니라 나 역시 때로 동조하던 혐오를 똑같이 흉내 내는 방식으로 누군가가 반기를 들었다. 우리를 오랫동안 옭아맸던 침묵의 나선은 그렇게 끊어졌다. 여태까지의 페미니스트에게 기대하던 정치적 올바름과는 거리가 먼 여성의 목소리가 남성이 독점하던 공간에 발을 들였다. 이제 적어도 두 개의 공용어가 생긴 셈이었다. 둘 중에 하나를 고를 수 있었다. 여태까지의 혐오는 나를 얼어붙게 만들었으나, 똑같이 상스럽고 저열하고 의미 없는 언어가 곁에 서자 그 실체가 얼마나 초라한지 여실히 보였다. 여성혐오의 지위는 절대에서 상대로 추락하며 힘을 잃었고, 더 이상 나를 제압할 수 없었다. "그냥 무시해", "일일이 상대하지 마"라는 말로는 영원히 얻을 수 없던 당당함이 생겼다. 언제나 잰 발걸음으로 도망치거나 스스로를 혐오하기를 선택해야 했던 나는 이제 어깨를 펴고, 머물기를 선택할 수 있었다.

또한 나는 이제 하고 싶은 말은 무엇이든 할 수 있었다. 이제 페미니스트라는 이유만으로는 공격할 수 없다. 메갈리안이라는 새로운 적이 등장했기 때문이다. 신여성에서 모던 걸로 그리고 페미니스트로, 대상만 바꾸어가며 언제나 존재하던 혐오의 불길은 이제 메갈리아로 옮겨 붙었다. 이제 나를 공격하려면 메갈리안이라는 혐의를 씌울 것이다. 메갈리안에 분노한 이들이 스스로가 만든 명분에 갇혀 사상에서 표현으로 운신의 폭을 좁히는 광경은 산뜻한 승리감을 안겨주었다. 혐오는 거세진 듯 보였지만, 메갈리안 등장 이후 그 범위는 분명하게 축소되었다. 극단적이고 과격한 페미니스트를 비난하던 이들은 태도를 전향하여 "진정한 페미니즘"을 긍정하면서 메갈리안을 공격했다. 메갈리안이 미러링에 그치지 않고 소라넷을 폐지하고,

여성혐오 광고와 랩을 만든 이들에게서 사과를 받아내고, 몰래카메라 금지 법안을 만들어내는 등의 "진정한" 변화를 만들어냈지만 그들의 적대적 태도에는 변함이 없었다.

그러나 이들이 혐오하고 싶은 대상이 결국 여성이자 페미니스트인 나라는 사실을 아는 이상 메갈리아를 하느냐, 아니냐는 질문에 대답할 필요도 느낄 수 없었다. 나는 이제 아무것도 단속할 필요가 없어졌다. 페미니스트임을 변명하지 않은 채로 곧장 본론으로 들어갈 수 있었다. 몰래카메라를, 여아낙태를, 임금격차를, 고용차별을, 성희롱을, 성폭력을, 강간약물을, 데이트폭력을, 가정폭력을, 위험을, 제약을, 통제를, 검열을, 부당함을 말했다. 하고 싶은 말을 끝내고 나면 점잖았던 상대는 내게 메갈리안이라는 낙인을 들이밀었으나 손쉽게 무시했다. 그들의 낙인은 더 이상 나를 가둘 수 없었다. 이들이 겨누는 혐오에서 비껴가는 건 애초에 응할 필요가 없는 게임이었을뿐더러 더 이상 노력하고 싶지 않았다. 이제 누구를 혐오하는지 잘 설명해야 하는 쪽은 그들이다. 내가 겪은 가장 큰 승리다.

강남역 살인 사건

<u>190.6.</u> 1994년에 태어난 셋째의 성비다. 1990~1994년은 한국에서 역사상 여아 낙태가 가장 심했던 시기다. 나는 그 무렵에 태어났다.

딸만 있는 집은 여지없이 측은함을 샀다. 남동생이 있다고 말하면 아들을 낳으려고 그랬나 보구나, 라고 말하는 이가 물끄러미 바라보는 시선을 자라는 동안 더러 받았다. 그것은 때로 사실이었고 때로 사실이 아니었으나 그렇게 생각하는 이에게 사실 여부는 중요하지 않았다. 혹시라도 누나가 둘이기라도 하면 혐의는 더욱 짙어졌다. 나와 나의 또래는 젠더사이드, 페미사이드, 여성살해와 같이 다양하게 부를 수 있는 선택적 죽음의 한가운데에서 삶을 시작했던 셈이다.

한국에서 여성살해가 최고치에 다다랐을 때 태어난 나는 강남역 살인 사건이 발생한 2016년 5월 17일에야 이것이 무엇인지 제대로 깨닫게 되었다. 많은 이가 의아해하듯 유사한 사건이 여태까지 숱하게 있었고 그때마다의 피해자가 피해를 당한 데에 여성이라는 이유밖에 없었음은 이미 모르는 바가 아니었다. 그러나 죽음이 내 생각보다 더 가까이에 있음을 피부로 느낀 건 이번이 처음이었다.

내가 거기 있었다면 나는 결코 피할 수 없을 죽음이 같은 자리에 있는 누군가는 피해간다는 사실을 통감하자, 여성이 태아일 때부터 겪는 이 선택적인 죽음의 실체가 또렷이 드러났다. 박탈감이 밀려왔다. 이것은 이해이기보다는 직감이었다. 내 또래의 많은 여성이 나와 같은 감정을 느꼈고 그것을 표현했다. 외면한 것은 언젠가 나를 덮친다. 그러니 지금 직시하자. 나는 이 결심을 마지막으로 더 이상 주저하지 않았다.

우리에게 물러설 데도 스스로에게 나와 다른 일이라고 변명할
거리도 더 이상 없음을 다 함께 깨달았기에 가능한 일이었다.
우리 모두가 서로를 살피며 섣불리 아무 말도 할 수 없게 만들었던
침묵의 나선은 메갈리아가 생기면서 진작 끊어졌지만, 나의
침묵은 이때 깨어졌다.

　　여태까지 어쩔 줄 모르거나 엮이고 싶지 않거나 배워온
대로 피하고 견뎌왔던 혐오에 드디어 정면으로 맞섰다. 죽음이
기생한 혐오가 불어나려는 찰나를 목격하면, 즉시 뛰어들어
가로막았다. 나 혼자였다면 또 주저했겠지만 다행히 수많은 이가
함께했기에 자연스럽게 섞여 들어 싸울 수 있었다. 커다랗지만
보이지 않았던 여성혐오가 우리 사회의 화두가 되는 데 드디어
성공했다고 말할 만큼, 충분히 소란스러운 싸움이었다. 처음으로
목격한 실체에 처음으로 함께 맞선 이 사건은 비록 절망과
슬픔으로 시작했으나 승리와 연대의 경험으로 남았다. '이겼다'고
무언가를 정확히 내보이기는 어렵지만, 적어도 나는 알고 있다.
나는 이번만큼은 어쩔 수 없다는 말로 물러서지 않았다.

'페미니즘은 돈이 된다'

　　페미니스트임을 자각한 2012년부터 나는 종종, 언젠가
객사할 것을 걱정했다. 터무니없는 걱정이라 생각하면서도 때로
불안이 엄습하는 것은 어쩔 도리가 없었다. 당대의 체제에
대항했던 여성들이 맞이한 비참한 종말만은 그들이 이룬 성취와

달리 아주 잘 알려져 있기 때문이었을 것이다. 나 역시 마지막에 아무도 원하지 않는 사람이 된 채 생을 마치거나, 사회에 맞선 대가로 언젠가 버려질 것 같기도 했다. 함부로 대들지 말라는 경고인 것만 같았다.

그리고 2016년, '페미니즘은 돈이 된다'는 구호가 유행했다. 2015년 11월경, 국정감사에서 범죄사이트인 소라넷을 엄격히 수사하도록 요구한 진선미 의원에게 하루 만에 천만 원의 후원금이 모인 것이 시초였다. 그리고 이 표현은 2016년 여름, 페이스북 페이지인 메갈리아 4가 진행한 기금 마련 프로젝트부터 본격적으로 사용됐다. 여성혐오를 재생산하는 숱한 페이스북 페이지가 아무리 신고를 받아도 아무런 제재를 받지 않는 와중에, 국내외 페미니즘 이슈를 소개하기만 하는 페이스북 페이지인 메갈리아2와 3이 삭제 처리된 데에 법적으로 대응하기 위한 기금을 모으는 프로젝트였다. 후원자들에게 티셔츠를 제공해 '한 장의 페미니즘'이라는 이름이 붙은 이 프로젝트의 최종 모금액은 1억 3000만 원을 넘겼다. 강남역 살인 사건 직후 동일한 플랫폼에서 진행했던 나의 첫 책 『우리에겐 언어가 필요하다』 출판 프로젝트 역시 순항했다. 페미니즘이 끊어지지 않고 계속되기를 바라는 이들이 페미니즘은 돈이 된다는 어찌 보면 성립되지 않는 구호를 주문처럼 절실히 되뇌어주었기 때문이었다.

언제까지고 지금 같을 수 없다는 것쯤이야 알고 있다.

8 작은 승리를 기념하라

중요한 건 따로 있다. 페미니스트임을 감추지 않고서도 냉대나 외면을 받지 않을 수 있다. 오히려 페미니스트로서 환영을 받을 수 있다. 내 머릿속에 울렸던 대들지 말라는 경고를 듣지 않고도, 살아남을 수 있다. 자기검열을 내려놓은 지 일 년쯤 지난 지금, 나는 비참한 말로가 아닌 다른 끝을 상상해볼 수 있게 되었다.

이화여대 투쟁

2016년 8월, 이화여대 총장의 일방적인 결정에 반대하는 시위가 벌어졌다는 사실을 전해 들었다. 두 번째 책을 쓰기로 막 결심한 차였다. 이대생이 아니기에 시위에 참여할 수 없는 나와는 엄밀히 말하면 관련이 없는 일이었다. 그래도 오로지 여성으로 이루어진 연대는 충분히 감동적이었다. 대학 내 시위에 1600명의 경찰이 동원되는 초유의 일이 발생했지만 이들은 이루어냈다. 다른 단위와 연대하지 않고 오로지 이화여대 재학생과 졸업생이 연대하여 진행한 시위로 총장이 사업계획을 철회한 것이다. 대학 재정지원사업 사상 최초로 대학이 사업을 철회했다.

더운 여름에 소기의 성과를 거둔 이화여대 시위 현장에 대한 소문 하나가 흥미를 끌었다. 이대생들이 구비해둔 물품이 넉넉하고 디저트까지 제공되어 현장이 아주 쾌적하더라는 말이었다. 또한 이들의 시위는 대표가 없이 모두가 함께 참여하느라 의사결정이 느리게 진행된다는 점에서 '느린 민주주의'로 불리기도 했다. 기시감이 들었다. 비슷한 무렵에 진행되던 페미니즘 펀딩 프로젝트는 대부분 순조롭게 성사되고 있었다. 여성들끼리 일을 진행하면서 따로 대표를 두지 않았던 다른 경험이 떠올랐다. 이들의 방식이 우연하게도 친숙하다고 생각했다. 그런데 책을 쓰기 위해 자료를 찾아나가는 와중에 알게 되었다. 친숙함은 우연이 아니었다.

제대로 전해지지 않았을 뿐 우리는 원래부터 이랬다. 동일방직의 부당해고가 알려지자 사람들은 해고자들을 응원하며 생리대를 비롯한 필수품을 전달했고, 차미리사가 순회강연을 할 때 여성들은 쌈짓돈을 모아 학교를 세웠다. 찬양회에서 세웠던 학교도 또 다른 학교도, 국가가 지원하지 않았지만 사비를 털어 운영하다가 망하곤 했다. 역사에서 여성의 경제적 지위는 언제나 변함없이 열악했다. 그러나 필요한 것이 무엇인지 알았고 여력이 되는 대로 지원했다. 그리고 대표가 없던 것도 역사가 길다. 정해진 규칙이나 대표 없이 게릴라로 행동했던 영 페미니스트의 기록, 대표를 색출하려는 외압에 맞서 주동자는 없다고 소리쳤던 동일방직의 시위를 찾아냈다. 여성들의 움직임은 언제나 새롭고 낯설고 당황스럽게 받아들여졌지만, 근본이 없는 것은 아니었다. 일부러 계승하지 않았어도 자연스럽게 이전의 움직임을 닮아 있었다. 여성은 여성으로서 자신의 계보를 알지 못한 채로도 끊임없이 움직였다. 나는 우연한 기회에 우연한 듯 반복되는 우리의 원형을 찾았다. 마치 단 한 번뿐인 듯 계속 이어지는 것, 이것이 우리의 움직임이었다.

49 앞 문항에서 당신이 기록한 당신의 작은 승리가 훗날 어떻게 기록되기를 바라는가? 혹은 그것이 어떤 결과로 이어졌다는 소식을 듣고 싶은가? 바라는 대로 써보자.

바람에 쉬이 흩어지는 모래알로 성을 쌓는다. 드디어 성이 되었다 싶었는데 파도가 치니 곧 허물어진다. 애써 쌓은 우리의 성은 이제 흔적이 없다. 이 책은 그 모래성을 복원하는 작업이다. 새로 쌓는 모래성이 또 한 번의 파도에 자취를 감추기 전에, 우리에게도 단단히 쌓은 모래성이 있었음을 기억하는 일이다.

맺음말

      첫 책『우리에겐 언어가 필요하다』의 성공적인 발간을
자축하는 파티를 마치고, 뒷정리를 함께 한 팀원들과 녹초가
되어서 집에 도착한 참이었다. 파티에서 처음 만난 이들은
목소리에 힘이 있었고, 눈이 빛났다. 오늘날, 아주 많은 이가
페미니즘 책을 사고, 강연을 듣고, 소품을 모은다. 개중 많은
이가 내 책을 샀고 그것을 음식과 꽃과 선물을 나누며 기념하는
자리도 만들었다.『자기만의 방』의 한 구절이 떠올랐다. 우리는
"사유의 낚싯줄을 강물 깊이 담글 만큼의 돈"을 가졌다. 여전히
임금격차가 형편없이 심하고 경제는 위태롭지만 적어도 그
정도는 할 수 있다. 아주 오래전 버지니아 울프가 바라던 순간이
혹시 지금 온 걸까. 무엇이든 이룰 수 있을 것 같은 희망이
넘실거렸다. 내가 바라던 순간은 또 언젠가의 누군가가 살아주길
바라며 설레는 마음으로 글을 마친다. 그때까지 우리는 과거와
접속하고, 현재를 직시하고, 미래를 상상하자.

주

1 양현아, 「호주제 폐지, 여성인권, 이태영 변호사가 남긴 유산(遺産)」, 2006

2 이태영, 『'정의의 변호사' 되라 하셨네』, 한국가정법률상담소, 1999, 170~173쪽

3 "살아서 가는 천당 만들자", 『한겨레21』 제997호, 2014

4 "동거 비난 말라! 유연한 결합, 출산율 올린다", 프레시안, 2014.11.26

5 『한국여성사 깊이 읽기』, 주진오 외, 푸른역사, 2014, 258쪽

6 "살인을 하고도 마음이 편안하다면 이해하시겠습니까?", 여성신문, 2013.12.27

7 "김형민의 응답하라 1990: 사랑하는 여자친구의 아버지를 증오하다", 한겨레, 2013.11.22

8 『차미리사 평전』, 한상권, 푸른역사, 2008, 136쪽

9 "알몸시위로 버틴 여성들에 '똥물'을 뿌린 남자들", 한겨레, 2013.1.4

10 『차미리사 평전』, 415쪽

11 "김영태 섬유노조 위원장 결국 물러나 / 이총각", 한겨레, 2013.9.4.

12 "The day the women went on strike", The Guardian, 2005.10.18

13 "튀니지는 이슬람 국가지만 여성 사회진출 활발", 조선닷컴, 2008.11.28

14 "'종족 말살' 제노사이드 겪은 르완다… '여성의 지옥'서 성평등 국가로" 경향신문, 2016.04.18

15 "Il y a 50 ans, les femmes pouvaient enfin ouvrir un compte en banque sans l'autorisation de leur mari", Madame Figaro, 2015.7.13

16 "아이슬란드는 페미니스트들의 천국?", 문화미래 이프, 2011.10.24

참고문헌

김재호, 『레이첼 카슨과 침묵의 봄』, 살림, 2009

양현아, 「호주제 폐지, 여성인권, 이태영 변호사가 남긴 유산(遺産)」, 2006

이태영, 『'정의의 변호사' 되라 하셨네』, 한국가정법률상담소, 1999

전희경, 『오빠는 필요없다』, 이매진, 2008

"호주제 없앤 '꼴통 페미' 동학에 꽂히다", 단비뉴스, 2014.07.14.
　　　http://www.danbinews.com/news/articleView.html?idxno=4287

"동거 비난 말라! 유연한 결합, 출산율 올린다", 프레시안, 2014.11.26.
　　　http://www.pressian.com/news/article.html?no=121991

"성평등 사회 실현 기여한 헌재 결정들", 여성신문, 2015.7.17.
　　　http://www.womennews.co.kr/news/85158#.V6NyHriLSM8

"관악 여성운동은 진화한다 – 네 가지 사건으로 짚어 본 학내 여성운동 10년", 서울대저널, 제87호.
　　　http://www.snujn.com/news/2884

"정운찬 총장 '우조교, 신교수보다 고통 덜 겪어'", 오마이뉴스, 2002.10.25.
　　　http://www.ohmynews.com/NWS_Web/view/at_pg.aspx?CNTN_CD=A0000092140

"살인을 하고도 마음이 편안하다면 이해하시겠습니까?", 여성신문, 2013.12.27.
　　　http://www.womennews.co.kr/news/view.asp?num=64389

"여성독립운동가들을 기억한다", 뉴스토마토, 2016.8.22.
　　　http://www.newstomato.com/ReadNews.aspx?no=682744

"여성에게 띄우는 일상으로의 초대장", 이대학보, 1996.9.9.
　　　http://inews.ewha.ac.kr/news/articleView.html?idxno=673

"페미니스트 아니라 영페미니스트", 한겨레, 2000.5.8.
　　　http://legacy.www.hani.co.kr/section-009100011/2000/009100011200005081912411.html

"생리대, 당당하게 꺼내 써라", 한겨레, 2000.4.9.
　　　http://legacy.www.hani.co.kr/section-009100003/2000/009100003200004092047001.html

"독립운동 '강철날개' 권기옥, 의병장 윤희순을 아십니까", 한겨레, 2015.8.13.
　　　http://www.hani.co.kr/arti/culture/book/704435.html

"김영태 섬유노조 위원장 결국 물러나 / 이총각", 한겨레, 2013.9.4.
　　　http://www.hani.co.kr/arti/society/labor/602147.html

"28년 전 '똥물의 야만', 원직복직으로 씻을 것", 오마이뉴스, 2006.4.7.
http://www.ohmynews.com/NWS_Web/view/at_pg.aspx?CNTN_CD=A0000322165

"경찰 봉쇄에 무산된 똥물사건 1돌 행사 / 이총각", 한겨레, 2013.8.26.
http://www.hani.co.kr/arti/society/labor/600926.html

"박정희 몰락의 도화선, 김경숙 사망 사건", 오마이뉴스, 2016.8.9.
http://www.ohmynews.com/NWS_Web/View/at_pg.aspx?CNTN_CD=A0002233561

"살아서 가는 천당 만들자", 한겨레21, 2014.2.5.
http://h21.hani.co.kr/arti/society/society_general/36334.html

"세계 여성의 날..잊혀진 영웅 제트킨", 연합뉴스, 2011.3.8.
http://www.yonhapnews.co.kr/society/2011/03/08/0712000000AKR20110308081100009.
HTML

"'복지 투자'로 경제 위기를 극복한 나라", 뉴스타파, 2015.2.25.
http://newstapa.org/23711

"아이슬란드는 페미니스트들의 천국?", 문화미래 이프, 2011.10.24.
http://www.onlineif.com/ifNews/globalView.php?wr_id=19218

"Femme en Islande : là où nous en sommes", *vivre en islande*, 2015.6.20.
http://www.vivreenislande.fr/2015/06/femme-en-islande.html

"['하얀리본운동' 벌이는 마이클 코프먼 박사] '터프가이 꺼져라'", 한겨레21, 2003.11.26.
http://h21.hani.co.kr/arti/culture/culture_general/9597.html

"몬트리얼 대학살 – 페미니스트 증오범죄로 여학생들 학살, 총기규제와 소지에 관한 논란", 한국일보.
http://www.koreatimes.net/weekly/History/weekly_h07060801.html

"튀니지 재스민 혁명과 여성 – 튀니지 여성은 혁명 후에 무엇을 두려워하나", 오마이뉴스, 2011.2.9.
http://www.ohmynews.com/NWS_Web/View/at_pg.aspx?CNTN_CD=A0001520866

"[최초의 여성권리 선언문 '여권통문' 118주년] 황제의 나라에서 여성 인권을 외치다", 여성신문, 2016.9.1.
http://www.womennews.co.kr/news/view.asp?num=97245&dable=30.1.5

"여기 이 사람들, '소수자'의 디딤돌 되다 | 이유진", 웹진 인권, 통권 19호.
http://humanrights.go.kr/hrmonthly/view.jsp?no_idx=5242&article_idx=5291&sub_
category=AA&pagenum=7

"데이트 강간의 희생양… 가부장제 사회의 폭력에 스러지다", 여성신문, 2016.1.13.
http://www.womennews.co.kr/news/90281#.V53oK7iLSM8

"18 inventions féminines qui ont changé le monde", *De motivateur*,
http://www.demotivateur.fr/article-buzz/18-inventions-f-minines-qui-ont-chang-le-
monde-934

"상도리 해녀항일운동기념탑", 고영철의 역사교실.
http://www.jejuhistory.co.kr/bbs/view.php?id=local&page=1&sn1=&divpage=1&sn=off&ss
=on&sc=on&cate=issu&cate_no=9&select_arrange=headnum&desc=asc&no=246

"한국 노동운동의 대모 조화순 목사 (2) 산업선교 시절…여성 주체 노조 출범", 여성신문, 2007.8.24.
http://www.womennews.co.kr/news/view.asp?num=34318

"Huit inventions faites par des femmes", *ARTE*, 2016.3.11.
http://future.arte.tv/fr/huit-inventions-faites-par-des-femmes-0

"Les femmes, des inventrices trop longtemps ignorées En savoir plus sur", *Les Echos*, 2016.3.8.
http://www.lesechos.fr/08/03/2016/LesEchos/22145-033-ECH_les-femmes--des-inven
trices-trop-longtemps-ignorees.htm

"Retour à Polytechnique : nos archives pour ne pas oublier", *Radio-Canada.ca*, 2014.12.5.
http://ici.radio-canada.ca/nouvelles/societe/2014/12/05/003-polytechnique-recit-ev
enements-25-ans-journalistes-ruth-loiselle-claude-gervais.shtml

"Droits des femmes: la Tunisie fête les 60 ans du Code du statut personnel", *RFI*, 2016.8.12.
http://www.rfi.fr/afrique/20160812-code-statut-personnel-tunisie-droits-femmes-60-ans

"The day the women went on strike", *The Guardian*, 2005.10.18.
https://www.theguardian.com/world/2005/oct/18/gender.uk

"The day Iceland's women went on strike", *BBC News*, 2015.10.23.
http://www.bbc.com/news/magazine-34602822

"日, 여성 재혼금지기간 6개월→100일로 단축", 연합뉴스, 2016.6.2.
http://www.yonhapnews.co.kr/bulletin/2016/06/02/0200000000AKR20160602090000
073.HTML?input=1195m

"'종족 말살' 제노사이드 겪은 르완다…'여성의 지옥'서 성평등 국가로", 경향비즈, 2016.4.18.
http://biz.khan.co.kr/khan_art_view.html?artid=201604181059001&code=920100

"게릴라식 여성운동 5인방 '돌꽃모임'…조직·체계없어", 중앙일보, 1998.3.2.
http://news.joins.com/article/3611402

"'탈선'한 지하철 성추행 경고방송", 이대학보, 1998.3.16.
http://inews.ewha.ac.kr/news/articleView.html?idxno=2806

"게릴라적 진보, 푸근이 인터뷰", 제2세대여성운동
http://dalara.jinbo.net/webzine0/stonei.htm

"지하철 성추행 방지방송 실시", 여성신문, 2005.5.12.
http://www.womennews.co.kr/news/view.asp?num=1776

편집 후기

이민경 계절이 채 바뀌기 전에 또 한 권의 책이 나왔습니다. 『우리에게도 계보가 있다: 외롭지 않은 페미니즘』으로는 우리가 할 수 없을 것만 같았거나, 혹은 혼자서만 할 수 있으리라 믿었던 일을 정말 이뤄낼 때 번지는 승리의 열감을 붙잡아두자고 말하고 싶었습니다. 그것이 우리를 조금 더 살게 할 것이라 믿었기 때문입니다. 그래서 적지 않은 이에게 이 책의 펀딩 마지막 날이 '그날 갑자기 돈이 많이 모였더라'는 말만으론 경험할 수 없는 승리감을 안겼다는 사실이 저를 또 조금 살게 합니다.

이 책은 냉대를 견뎌낸 모두에게 제 나름의 방식으로 전하는 한 줌의 위로입니다. 그리고 우리의 오늘을 만들고 사라져버린 이들에게 올리는 젯상이기도 합니다.

페미니스트는 언제나 외롭습니다. 반기는 사람 없고, 어찌해야 할 바를 알려주는 이 없고, 그저 앞뒤로 흔들리면서 걸어갈 뿐이니까요.

조금 더, 잘, 살기 위하여 지금을 살아가는 우리끼리는 물론이고 지나간 세대와 다가올 세대와도 조금 더 단단히 연결되기를 바랍니다. 두 번째 시도를 따뜻하게 반겨준 모두에게, 특히 봄알람 멤버들에게 감사합니다.

esse 민경은 '정확히'라는 단어를 정말 정확한 곳에 놓습니다. 그리고 어김없이 제 흉곽 안의 어딘가에 적중합니다. 하루 40여 명, 33분당 한 명이 스스로의 생을 마감하는 데 성공하는 자살공화국에 살아가는 친구들과 저는 각자 조금씩 다른 주기로 우울을 앓습니다. 몇 번째인지 헤아리는 게 무의미한, 언젠가의 우울했던 밤, 민경이 블로그에 쓴 『7년의 밤』 서평을 읽었습니다. 아름다운 글이었고 살고 싶다는 생각이 들었습니다. 그때의 감정은 다시 느낄 수 없어도 그때의 자신에 대한 기억은 남습니다. 그런 기억이 쌓여 지금을 살아가게 하는 힘을 지탱하는 다리가 됩니다. 민경의 두 번째 책을 만드는 일에 함께할 수 있어 기쁩니다. 마음 맞는 동료들과 함께 일할 수 있어 기쁩니다. 기쁘다는 말에 무엇을 더하거나 뺄 필요 없이 완전하게 느껴지는 지금 순간을 기억하기 위해 후기를 남깁니다. 돌이켜보면 페미니스트는 늘 오명이었습니다. 우리의 경험은 밀어처럼 속삭임으로 나누어졌습니다. 고독은 떳떳하지 못한 상패처럼 따라다녔습니다. 그러나 내 발밑은 생각보다 견고했고 나는 또 누군가의 발에 내 어깨를 내어줄 것이며 그래서 우리는 외롭지 않을 수 있다는 걸 알려줘서 고맙습니다.

우유   영화 〈서프러제트〉 끝에는 나라별로 여성 투표권이 부여된 연도가 흐른다. 그것을
보는 순간 바늘로 물풍선을 찌른 듯이 눈물이 톡하고 터져 나오더니 영화관을
나와서도 눈물이 멈추지 않아 펑펑 울었다. 그 과거의 아픔들과 마음이 느껴지면서,
과거와 접속하는 느낌에 말로 설명할 수 없는 전율이 왔다. 그리고 얼마 전 제주도에서
잠녀항쟁의 기념비와 동상을 실제로 보았다. 나의 또래였을 그때 그들의
결연하면서도 필사적인 표정과 몸짓을 맨눈으로 확인하니, 말로 다 설명할 수 없는
감정이 몰려오면서 눈물을 삼켰다.

여성에겐 국가도, 시간도 존재하지 않는 듯하다. 이것이 분명 좋기만 한 일은
아니지만, 아무리 먼 곳에 있어도, 아무리 오래전이라도 그들이 나 같고 내가 그들
같다. 우리는 연결되어 있다는 것, 외롭지 않다는 것을 느낄 수 있다. 잊힌, 가려진,
지워진, 계보에 오를 수 없었던, 수많은 나들을 생각한다. 또 나의 현재를 반추하고
여성으로서 그리고 페미니스트로서 자부심을 가진다.

두루   이 책이 수많은 사람에게 가 읽히고 수많은 답이 책의 빈칸에 채워질 것을 상상하며
몇 번이고 맘이 설렜다. 이 전무후무한 '지금이땅의페미니스트용 문제집'이 모두에게
즐거운 체험이 되기를.

우리에게도 계보가 있다 — 외롭지 않은 페미니즘

Reclaim the Lineage: *No More Lonely Feminists*

ⓒ이민경

1판 1쇄 발행	2016년 9월 30일
1판 7쇄 발행	2020년 5월 30일

지은이	이민경
디자인	우유니
편집	이두루

펴낸곳	봄알람
출판등록	2016년 7월 13일 2019 - 000079호
전자우편	we@baumealame.com
홈페이지	baumealame.com
페이스북	www.facebook.com/baumealame
트위터	@baumealame

ISBN	979-11-958579-2-0 (03300)

이 도서의 국립중앙도서관 출판예정도서목록(CIP)은 서지정보유통지원시스템 홈페이지
(http://seoji.nl.go.kr)와 국가자료공동목록시스템(http://www.nl.go.kr/kolisnet)에서
이용하실 수 있습니다.(CIP제어번호: CIP2016022521)